essentials

essentials liefern aktuelles Wissen in konzentrierter Form. Die Essenz dessen, worauf es als „State-of-the-Art" in der gegenwärtigen Fachdiskussion oder in der Praxis ankommt. *essentials* informieren schnell, unkompliziert und verständlich

- als Einführung in ein aktuelles Thema aus Ihrem Fachgebiet
- als Einstieg in ein für Sie noch unbekanntes Themenfeld
- als Einblick, um zum Thema mitreden zu können

Die Bücher in elektronischer und gedruckter Form bringen das Expertenwissen von Springer-Fachautoren kompakt zur Darstellung. Sie sind besonders für die Nutzung als eBook auf Tablet-PCs, eBook-Readern und Smartphones geeignet. *essentials:* Wissensbausteine aus den Wirtschafts-, Sozial- und Geisteswissenschaften, aus Technik und Naturwissenschaften sowie aus Medizin, Psychologie und Gesundheitsberufen. Von renommierten Autoren aller Springer-Verlagsmarken.

Weitere Bände in dieser Reihe http://www.springer.com/series/13088

Franz-Josef Meiers

Bundeswehr am Wendepunkt

Perspektiven deutscher Außen- und Sicherheitspolitik

 Springer VS

PD Dr. Franz-Josef Meiers
Institut für Politikwissenschaft
Universität Münster
Münster, Deutschland

ISSN 2197-6708   ISSN 2197-6716   (electronic)
essentials
ISBN 978-3-658-15709-8   ISBN 978-3-658-15710-4   (eBook)
DOI 10.1007/978-3-658-15710-4

Die Deutsche Nationalbibliothek verzeichnet diese Publikation in der Deutschen National-
bibliografie; detaillierte bibliografische Daten sind im Internet über http://dnb.d-nb.de abrufbar.

Springer VS

Gedruckt auf säurefreiem und chlorfrei gebleichtem Papier

Springer VS ist Teil von Springer Nature
Die eingetragene Gesellschaft ist Springer Fachmedien Wiesbaden GmbH
Die Anschrift der Gesellschaft ist: Abraham-Lincoln-Str. 46, 65189 Wiesbaden, Germany

Inhaltsverzeichnis

Einleitung: Die Debatte um eine aktivere deutsche Außen- und Sicherheitspolitik

1

Das Sicherheitsumfeld hat sich seit dem Krisenjahr 2014 deutlich verändert. Die Parallelität und Heterogenität der Krisen, vor allem neue Einsätze bei der Bekämpfung des internationalen Terrorismus, zusätzliche Bündnisverpflichtungen und neue Bedrohungen für kritische Infrastruktur der Globalisierung wie der digitalen Kommunikation durch staatliche und nicht-staatliche Akteure stellen nach Auffassung von Verteidigungsministerin Ursula von der Leyen so hohe militärische Anforderungen an die Bundeswehr, dass eine „Trendwende" unumgänglich ist. Eine Bundeswehr, die „mit Substanz unterlegt sein muss", könne nicht mehr wie in den letzten 25 Jahren weiter bei Personal, Material und Finanzen schrumpfen. Es sei „für die Bundeswehr an der Zeit, wieder zu wachsen." Ihr erklärtes Ziel, „mit Substanz zu unterlegen, was wir haben wollen", erfordere eine Abkehr von der „Mangelverwaltung" hin zu „einer substanziellen", das heißt am tatsächlichen Bedarf orientierten „Vollausstattung", einer „Nachsteuerung" im Personalkörper und „einer langfristigen und nachhaltigen Finanzierung der Bundeswehr" (BMVG 2015b, 2016k; Deutscher Bundestag 2016e, S. 16427; Deutschlandfunk 2015; YouTube 2015).

Der Stellenwert der Bundeswehr als Instrument der deutschen Außenpolitik ist mit den Reden von Bundespräsident Joachim Gauck, Außenminister Frank-Walter Steinmeier und der Verteidigungsministerin auf der 50. Münchener Sicherheitskonferenz 2014 in den Mittelpunkt des öffentlichen Diskurses in Deutschland gerückt. Die Bundesrepublik, so der Bundespräsident, müsse bereit sein, „mehr für die Sicherheit zu tun, die ihr von anderen seit Jahrzehnten gewährt wurde." Als Nutznießer einer „offenen Weltordnung" müsse sie sich bei der Bewältigung internationaler Konflikte „früher, entschiedener und substantieller" einbringen. Deutschland sei „zu groß", um Weltpolitik nur von der Außenlinie zu kommentieren, schlussfolgerte der Außenminister. „Abwarten" und „Gleichgültigkeit" stelle für Deutschland angesichts zahlreicher Krisen und

© Springer Fachmedien Wiesbaden 2017
F.-J. Meiers, *Bundeswehr am Wendepunkt*, essentials,
DOI 10.1007/978-3-658-15710-4_1

1

Konflikte „keine Option" dar, erklärte die Verteidigungsministerin (Der Bundespräsident 2014; Auswärtiges Amt 2014a; BMVG 2014a).

In ihrem Vorwort zum Weißbuch 2006 hatte Bundeskanzlerin Angela Merkel wegweisend geschrieben: „Deutschlands Gewicht in der internationalen Politik ist seit der Wiedervereinigung gewachsen. Größere Gestaltungsmöglichkeiten und Einfluss bedeuten auch Verpflichtung. Wir sind heute stärker als früher gefordert, Verantwortung in Europa und in der Welt zu übernehmen" (BMVG 2006, S. 2; vgl. BMVG 2016m, S. 8). In Weissbuch 2016 wird die gewachsene Rolle Deutschlands für die Wahrung von Frieden und Sicherheit in Europa und in der Welt wie folgt zusammengefasst: „Deutsche Sicherheitspolitik besitzt Relevanz – weit über unser Land hinaus. Deutschland ist bereit, sich früh, entschieden und substantiell als Impulsgeber in die internationale Debatte einzubringen, Verantwortung zu leben und Führung zu übernehmen" (BMVG 2016m, S. 23). Während sich deutsche Interessen in vergangenen Weißbüchern hinter „Geschichte, Normen und Allianzverpflichtungen" versteckten, sei das heutige Deutschland nach dem Weissbuch 2016 „pragmatisch selbstbewußt und selbstkritisch", so Constanze Stelzenmüller. Es kenne seine „Schwächen und Grenzen", stelle sich aber „seinen Verantwortlichkeiten" (Stelzenmüller 2016). Die Diskussion über ein aktiveres internationales Engagement Deutschlands wirft für die Bundesregierung die politisch heikle Frage auf, in Absprache mit dem Parlament zu definieren, wofür sie die Bundeswehr einsetzen, was sie ihr dauerhaft abverlangen und welche Fähigkeiten sie ihr für eine größere Verantwortung in der Welt zur Verfügung stellen will.

Im Folgenden wird der Istzustand der Bundeswehr unter der Fragestellung untersucht, ob mit der Trendwende die drei von der Verteidigungsministerin identifizierten „Leerstellen" – Unterpersonalisierung, Unterausstattung und Unterfinanzierung – nachhaltig und substanziell beseitigt werden können. Im zweiten Teil wird die Forderung nach mehr Verantwortung Deutschlands in der Welt zum Anlass genommen, zu überprüfen, wo und wie sich die Deutschland bei der Bewältigung vielfältiger Krisen und Konflikte in den letzten drei Jahren eingesetzt hat. Folgt die deutsche Außen- und Sicherheitspolitik den Empfehlungen Gaucks, Steinmeiers und von der Leyens und übernimmt eine aktive, gestaltende Rolle im internationalen Krisenmanagement mit Rückgriff, wenn geboten, auf deutsche Streitkräfte? Spiegelt sich in einer aktiveren deutschen Außen- und Sicherheitspolitik die Haltung der deutschen Öffentlichkeit wider?

Abkehr von der Schrumpfkur 2

In seinem Vorwort zu seinem ersten Jahresbericht schreibt der neue Wehrbeauftragter des Deutschen Bundestags Hans-Peter Bartels mit Blick auf die „Schrumpfungsprozesse" seit den 1990er Jahren: „Veränderung zum Besseren beginnt damit, auszusprechen, was ist" (Deutscher Bundestag 2015a, S. 6).Vor dem Hintergrund eines sich deutlich veränderten Sicherheitsumfeldes stellte die Verteidigungsministerin Ende Februar 2015 fest, dass die Bundeswehr „an die Grenzen ihrer Leistungsfähigkeit" gekommen sei. Wie ihre Vorgänger kommt sie zu dem ernüchternden Ergebnis, dass die Bundeswehr in ihrer derzeitigen Struktur, Ausrüstung und finanziellen Ausstattung die stetig wachsenden Anforderungen nicht erfüllen kann. Um mit den neuen Rahmenbedingungen Schritt halten zu können, müsse der Prozess des Schrumpfens beendet und die von ihren Vorgängern in der Neuausrichtung der Bundeswehr vorgegebenen „starren Obergrenzen" für Material und Personal beseitigt werden. Wie schnell und wie weit die Einsatzfähigkeit der Bundeswehr gestärkt werden könne, hänge „von künftigen Anforderungen und den finanziellen Spielräumen" ab (BMVG 2015b). Wie sieht die von der Verteidigungsministerin eingeforderte Trendwende bei Personal, Material und Haushalt aus? Kann sie das erreichen, was die bisherigen drei großen Reformen der Bundeswehr seit dem Jahr 2000 stets vorgegeben (BMVG 1999, S. 54 f.; 2002, S. 29; 2010a, 2011), aber nicht erreicht hatten, die jahrelange Verwaltung des Mangels zu beenden, die Lücke zwischen dem Fähigkeitsprofil der Bundeswehr und dem veränderten Anforderungsprofil zu schließen, und damit ihre Bündnis- und Europafähigkeit substanziell zu stärken?

© Springer Fachmedien Wiesbaden 2017
F.-J. Meiers, *Bundeswehr am Wendepunkt,* essentials,
DOI 10.1007/978-3-658-15710-4_2

1   Trendwende Personal: Beseitigung der Unterpersonalisierung

Die Anforderungen an die Bundeswehr im Einsatz haben hinsichtlich Anzahl, Intensität, Umfang und Dauer in weit größerem Maß zugenommen als erwartet. An den 16 multinationalen Auslandseinsätzen insbesondere in Afghanistan, im Irak, in Syrien und Mali, beteiligt sich die Bundeswehr mit rund 3300 Soldaten/innen (Bundeswehr 2016b). Neben den mandatierten Einsätzen ist die Bundeswehr in einsatzgleichen Verpflichtungen gegenüber der NATO wie die verbindlich angezeigten Beiträge zur schnellen Eingreiftruppe (NRF[1]) mit 4600 Soldaten/innen, der Übernahme der Rahmennation – zusammen mit den Niederlanden – für die neu aufgestellte Speerspitze (VJTF[2]), der Überwachung des Luftraums über dem Baltikum durch deutsche Eurofighter, der Einsatz deutscher Schiffe in den vier ständigen Marineverbänden sowie der Beteiligung an verschiedenen multinationalen Einsätzen vor allem im Mittelmeer (BMVG 2016a; Luftwaffe 2016; Marine 2016) kontinuierlich gebunden. Ebenso erklärte sich die Bundesregierung auf dem NATO-Gipfel in Warschau Anfang Juli 2016 bereit, „als Rahmennation" zusammen mit Norwegen, der deutsch-französischen Brigade und den den Benelux-Staaten eines der vier Bataillone mit etwa 1000 Soldaten in Litauen für eine höhere Vorauspräsenz des Bündnisses in Mittel- und Osteuropa zu übernehmen (Die Bundeskanzlerin 2016).

Darüber hinaus leistet Deutschland regelmäßig einen nationalen Beitrag an der Auf- und Bereitstellung der schnellen Einsatzverbände der EU *(Battle Groups)* – in der zweiten Jahreshälfte 2016 sind das Kampfhubschrauberregiment 36 aus Fritzlar und die Transporthubschrauberregimenter 10 und 30 aus Faßberg und Niederstetten Bestandteil der stets für sechs Monate zu stellenden EU-*Battlegroup*. Zusätzlich waren Ende 2015 etwa 8000 Soldaten/innen in der Flüchtlingshilfe im Inland eingesetzt. Schließlich stehen nicht alle zahlenmäßig vorhandenen aktiven Soldaten/innen (Dezember 2015, S. 177.219) tatsächlich der Bundeswehr zur Verfügung – 15.000 Soldaten/innen befinden sich im Berufsförderungsdienst (Deutscher Bundestag 2016c, S. 7, 18, 20).

Die in den letzten Jahren gestiegenen Einsatzanforderungen an deutsche Streitkräfte hat nach Auffassung der Verteidigungsministerin und des Wehrbeauftragten

---

[1]NRF = NATO Response Force.
[2]VJTF = Very High Readiness Joint Task Force.

die in der Neuausrichtung vorgegebene Zielgröße von 185.000 Soldaten/innen und damit die im Modell 4 des Generalinspekteurs Volker Wieker zugrunde gelegte „nicht unterschreitbare Untergrenze" von „163.500 Soldaten/innen" (BMVG 2010b, S. 14, 24) hinfällig gemacht. „Beim weiten Blick auf den Personalkörper müssen wir fragen, ob die Aufgabenquantität und die Personalstärke noch zusammenpassen", erklärte von der Leyen. Hier müsse „die Politik sicherlich die Offenheit haben, auch da nachzusteuern." Eine aufgabenkritische Neubewertung des Personalstrukturmodells 185 schließt eine „Nachjustierung" des Verhältnisses von Zeit- zu Berufssoldaten ebenso wie eine personelle Aufstockung des militärischen und zivilen Personalumfangs ein. Der „freie Fall" der Bundeswehr beim Personal müsse ein Ende haben, so der Wehrbeauftragte Bartels (YouTube 2015; Deutscher Bundestag 2016c, S. 5, 7; bundeswehr-journal 2016; vgl. BMVG 2016m, S. 119, 137).

Damit die Bundeswehr ihren heutigen und zukünftigen Aufgaben wirksam gerecht werden kann, kündigte die Verteidigungsministerin an, an die Stelle „starrer personeller Obergrenzen" einen „atmenden Personalkörper" (Deutscher Bundestag 2016e, S. 16.427; BMVG, 2016l) zu setzen, der sich flexibel den tatsächlichen Aufgaben anpasst und in ausgewählten Bereichen die Leistungsfähigkeit der Bundeswehr steigert. Bis 2023 soll die bisher bestehende Personalobergrenze von 185.000 Soldaten/innen um rund 7000 neue militärische Stellen aufgestockt, weitere 5000 Kräfte durch interne Umstrukturierungen den Streitkräften an anderer Stelle zur Verfügung gestellt, der Fixanteil bei den Freiwillig Wehrdienstleistenden von 5000 auf 8500 Stellen erhöht und die Zahl der Reservisten von 2500 auf 3000 angehoben werden. Fortan wird von einem neuen Personalboard auf der Grundlage eines neu entwickelten „strukturierten Planungs- und Prognosemodells" der Personalbedarf jedes Jahr für die Mittelfrist ermittelt, dessen Ergebnisse anschließend in die Haushaltsplanung überführt werden. Die Ministerin räumte ein, dass gegenüber dem prognostizierten Bedarf von 14.300 Dienstposten eine Lücke von rund 2400 Stellen bestehe. Abgesehen von 500 zusätzlichen Stellen im Zentralen Sanitätsdienst und 160 Spezialkräften bei Heer und Marine ließ die Ministerin offen, wie sich die zusätzlichen 12.000 Dienstposten bis 2023 auf die sechs Organisationsbereiche der Bundeswehr einschließlich des neuen Organisationsbereiches *Cyber- und Informationsraum* (CIR) verteilen. Insgesamt sind 96 Einzelmaßnahmen zur Steigerung der Leistungsfähigkeit der Bundeswehr eingeplant (BMVG 2016l).

Die Zielvorgabe von der Leyens, hohle Strukturen durch eine „Nachjustierung" aufzufüllen und einen „atmenden Personalkörper" aufzubauen, sieht sich einer zweifachen Herausforderung gegenüber: die Beseitigung des seit Jahren bestehenden ausgeprägten Fachkräftemangels und die Umsetzung eines funktionsgerechten Personalaufbaus. Die von der Neuausrichtung 2011 vorgegebene Zielstruktur steht gegenwärtig nicht im Einklang mit dem vorhandenen Personal der Bestandsstruktur. „Von einer robusten Personalstruktur, die auch einer stärkeren Ausrichtung auf Einsatzerfordernisse gerecht würde, kann in vielen Bereichen nicht gesprochen werden" (Bundeswehr 2016a; Deutscher Bundestag 2015a, S. 14; 2016c, S. 14, 20). In den technischen, informationstechnischen und sanitätsdienstlichen Verwendungen bei Heer, Luftwaffe, Marine, Streitkräftebasis und Sanitätsdienst ist der Personalmangel besonders spürbar. Hier wirkt sich der bestehende Fachkräftemangel im Elektro- und Informationstechnikhandwerk und im medizinischen Bereich bei der Bundeswehr in besonderem Maße aus. Die seit Jahren bestehenden Personalfehlbestände von etwa 7000 Stellen (BMVG 2010b, S. 25) haben zur Folge, dass die Einsatzbelastung von Kräften in Mangelverwendungen wie Piloten, Luftumschlagkräfte, technisches Instandhaltungspersonal, Fernmelder oder Sanitätspersonal „extrem hoch" ist. Aufgrund des ausgeprägten Fachkräftemangels wird es der Bundeswehr nicht gelingen, die Zielstruktur vor allem in den für Auslandseinsätze wichtigen Funktionsbereichen wie geplant bis 2017 einzunehmen, lautet das Fazit der Wehrbeauftragten (Deutscher Bundestag 2015a, S. 10–11; 2016c, S. 7, 8, 18–21). Eine Neujustierung und Aufstockung des militärischen Personalkörpers löst die gravierenden Personalengpässe in verschiedenen einsatzrelevanten Funktionsbereichen der Bundeswehr in den nächsten Jahren nicht auf.

Das Personalmanagement steht vor der Aufgabe, die Unwucht in der Alters- und Dienstgradstruktur mit einem Übergewicht an Offizieren zulasten von Unteroffizieren und Mannschaftsdienstgraden sowie die „strukturellen Unterdeckungen" (Apt 2010, S. 2–3) bei den einsatzrelevanten Jahrgängen (1976 und jünger) zu beseitigen. Die Nachjustierung im August 2015, mit der die Anzahl der Berufssoldaten/innen um 5000 auf 50.000 angehoben und gleichzeitig die der Zeitsoldaten/innen abgesenkt worden ist, vor allem aber die unterschiedlichen Beschäftigungsverhältnisse zwischen Berufssoldaten/innen und Zeitsoldaten/innen – Angehörige der Mannschaftslaufbahn konnten, wenn überhaupt, nur relativ kurzfristig vor Ende ihrer Regelverpflichtungszeit ihre Dienstzeit verlängern – trägt nicht dazu bei, die Kopflastigkeit der militärischen Personalstruktur zu beseitigen (Deutscher Bundestag 2016c, S. 18, 23). Der ausgeprägte Fachkräftemangel, verstärkt durch die strukturellen Unterdeckungen in der Alters- und Dienstgradstruktur setzen der Zielvorgabe der Verteidigungsministerin, einen atmenden Personalkörper bis 2023 qualitativ zu stärken, deutliche Grenzen.

2 Trendwende Material: Beseitigung der Unterausstattung

Die strukturelle Neuausrichtung der Bundeswehr seit 2011 hat eine ihrer Zielvorgaben deutlich verfehlt, die materielle Ausstattung auf die einsatzbedingten Erfordernisse und Auftragserfüllung stringenter auszurichten. Die Verteidigungsministerin räumte ein, dass 2014 ein Jahr war, „wo die Probleme massiv auf den Tisch gekommen sind" (n-tv 2015). Im „Jahr der Wahrheit" stellte der Wehrbeauftragte bei Auslandseinsätzen „unzumutbare Überforderungen" fest, weil die nach dem Prinzip „Breite vor Tiefe" aufgestellte Truppe immer wieder die gleichen Aufgaben übernehmen musste, ohne dass diese Bereiche gezielt verstärkt wurden. Ebenso wies er auf „massiv zu Tage getretene Mängel und Defizite" sowie erhebliche technische Probleme und Ausfälle bei den militärischen Großgeräten, wie dem Eurofighter, dem Transporthubschrauber NH 90 oder dem Transportflugzeug Transall hin. Der beklagenswerte Zustand der materiellen Einsatzbereitschaft und die teilweise existenziellen Ausrüstungslücken der Bundeswehr legen schonungslos offen, dass „die Rüstungsplanung die sach- und zeitgerechte Deckung des künftigen Einsatzbedarfs nicht gewährleistet" (Deutscher Bundestag 2015a, S. 7, 8, 18–19, 57; 2016c, S. 5, 7, 10).

Gutachter des Konsortiums aus KPMG, P3 Group und TaylorWessing wiesen bei sieben wesentlichen Rüstungsprojekten – und zwei Rüstungsvorhaben mit einem Volumen von 57 Mrd. EUR auf 140 Probleme und Risiken hin. Trotz Stückzahlreduzierungen stiegen die Kosten um rund. 12.7 Mrd. EUR (Stand: April 2016). Aufgrund verspäteten Erreichens ausstehender Funktionalitäten für die Einsatzreife haben alle Rüstungsprojekte Lieferverzögerungen zwischen 2,5 und neun Jahren (BMVG 2014b, S. 8–36; 2015c, S. 39, 41, 43–45; 2015f, S. 42; 2016f, S. 46, 49, 51). Eine in nicht hinreichendem Maß eingeplanter Ersatzteil – und Betriebsmittelbedarf für alte Geräte wie der Transall und eine mangelnde Versorgungsreife bei neu eingeführtem Gerät wie dem NH90, Tiger oder Eurofighter schränkten die Einsatzfähigkeit strukturrelevanter Hauptwaffensysteme „erheblich" ein, lautete das Ergebnis des Generalinspekteurs in einem Bericht, den er mehr als ein Jahr nach Veröffentlichung der KPMG-Studie dem Verteidigungsausschuss des Bundestages vorgelegte (BMVG 2015d, S. 68, 71, 73, 75; 2015f, S. 78, 82, 85, 87, 89; 2015g, S. 5, 34, 41, 47–50, 52, 66, 75; 2016f, S. 7, 57) (Tab. 1).

Die Bundeswehr steht vor der paradoxen Situation, dass die Kosten vor allem bei Großrüstungsprojekten explodieren, während „ihre aktuelle materielle Einsatzbereitschaft, der sicherheitspolitischen Lage nicht gerecht wird" (Deutscher

Tab. 1 Materielle Einsatzbereitschaft strukturrelevanter Hauptwaffensysteme

System	Bestand		
	Gesamtbestand	verfügbar	einsatzbereit (%)
NH 90	40	23	5 (22)
Tiger[a]	43	23	6 (26)
Sea King	21	15	3 (20)
Sea Lynx	22	18	4 (22)
Eurofighter	114	68	37 (55)
Tornado	93	66	29 (44)
Transall	50	37	21 (57)
CH 53	75	45	18 (40)

Stand: April 2016

[a]Aufgrund einer Verbesserung der Ersatzteillage und des Inspektionssystems sowie einer Optimierung des technischen Personals waren im Juni 13 von 27 Tiger-Kampfhubschraubern (48 %) und 13 von 28 NH90-Transporthubschraubern (45 %) einsatzbereit (Deutscher Bundestag 2016h, S. 4; Hickmann 2016)

Bundestag 2016c, S. 10; BMVG 2015g, S. 5). Die Verteidigungsministerin räumte ein, dass aufgrund gravierender Ausrüstungsmängel bei der Luftwaffe die Bundeswehr derzeit nicht allen Bündnisverpflichtungen nachkommen könne. So kann die Luftwaffe im Ernstfall eines Angriffs auf ein baltisches NATO-Mitglied die 60 angemeldeten Eurofighter nicht stellen (Bild am Sonntag 2014; Spiegel Online 2014). In seinem Bericht an den Verteidigungsausschuss des Bundestags räumte der Generalinspekteur ein, dass trotz der 117 zur Umsetzung angewiesenen waffensystemspezifischen Maßnahmen mit einem Gesamtvolumen von rund 5,6 Mrd. EUR keine raschen Erfolge bei der „unbefriedigenden" Lage der fliegenden Systeme erwartet werden könnten. „Vielmehr ist davon auszugehen, dass die Maßnahmen für die fliegenden Systeme erst mittelfristig Wirkung entfalten werden." Ebenso sind kurzfristige Verbesserungen der materiellen Einsatzbereitschaft nicht zu erwarten. „Die umgesetzten und noch in Umsetzung befindlichen Maßnahmen wirken nur im Verbund und auf der Zeitachse" (BMVG 2015g, S. 5–6, 81; Deutscher Bundestag 2016c, S. 7).Wie der Generalinspekteur kommt das Weissbuch 2016 zu einem ernüchternden Ergebnis. „Die umfassende Modernisierung des Rüstungswesens ist eine komplexe Herausforderung, die Beharrlichkeit, Entschlossenheit und Geduld erfordert, um alle Maßnahmen und die notwendigen Veränderungsprozesse in Breite und Tiefe wirksam werden zu lassen. Auch laufen viele große Rüstungsprojekte bereits seit vielen Jahren in festen Strukturen (Verträge, Organisationen etc.) und sind wenn überhaupt nur über Zeit zu verändern" (BMVG 2016m, S. 126).

Der seit mehr als zwei Jahrzehnte bestehende Schrumpfungsprozess in der Bundeswehr hat sich weiter fortgesetzt mit der Folge, „dass wir zum Teil hohle Strukturen und eine Mangelverwaltung haben." Das von ihrem Vorgänger eingeführte dynamische Verfügbarkeitsmanagement habe „viele Leerstellen" hinterlassen, die „nicht ausreichend mit modernem Rüstungsmaterial unterlegt" seien, stellte die Verteidigungsministerin fest (BMVG 2015b). So musste sich das Panzergrenadierbataillon 371, der Kern des deutschen Gefechtsverbandes für die Speerspitze der *NATO Response Force,* sich für seinen NATO-Auftrag 15.000 Ausrüstungsgegenstände bei 56 anderen Bundeswehreinheiten ausleihen. Der deutsche Beitrag zum NATO-Manöver *Noble Jump* vom 9. bis zum 19. Juni 2015, in der die Verlegefähigkeiten der NATO-Speerspitze geprüft wurden, legte signifikante Mängel offen. „Derzeit gelingt uns nur die Aufstellung von bis zu zwei modernen Ansprüchen genügenden Gefechtsverbänden." Von einer Ausstattung, mit der die Bundeswehr die Anforderungen der Bündnisverteidigung dauerhaft erfüllen könne, „sind wir nach wie vor weit entfernt", lautete das Fazit des Inspekteurs des Heeres, Generalleutnant Bruno Kasdorf. Das Investitionsdefizit allein beim Heer bezifferte er auf etwa 20 Mrd. EUR bis zum Jahr 2025 (Deutscher Bundestag 2016c, S. 10–11; Bolzen und Jungholt 2015; Hickmann 2015).

Nach dem Grundsatz, was die Bundeswehr leisten wolle, müsse sie auch leisten können, hat sich die Verteidigungsministerin zum Ziel gesetzt, die Einsatzfähigkeit der Bundeswehr und ihre Zuverlässigkeit in den Bündnissen „mit Substanz zu unterlegen" (BMVG 2015b; Deutschlandfunk 2015). Im Kern geht es um den Anspruch, „notwendige Ausrüstung nach nationalen und multinationalen Zielvorgaben zeitgerecht und einsatzreif im vorgegebenen Finanzrahmen bereitzustellen und einsatzreif zu halten" (BMVG 2015c, S. 6; 2015f, S. 6; 2016f, S. 7). Um diesen Anspruch zeitnah umzusetzen, muss die Bundeswehr, so von der Leyen, „wegkommen von den Schrumpfungsprozessen, von den fallenden Finanzlinien und hin wieder zu einer perspektivischen nachhaltigen Investition" (Deutschlandfunk 2015; Deutscher Bundestag 2016e, S. 16.426 f.). Mit Substanz zu unterlegen heißt, die Materialbeschaffung nicht mehr an „einem starren Fähigkeitsprofil" auszurichten, das sich für die Erfüllung der aktuellen Aufgaben als nicht mehr zweckmäßig erweist. Angesichts neuer sicherheitspolitischer Herausforderungen, der Verpflichtungen in NATO und EU und der realen Einsatzszenarien müsse Priorität haben, die bestehenden Einheiten und Verbände in der nächsten Dekade so auszustatten, dass sie ihren Einsatz- und Ausbildungsauftrag erfüllen könnten.

Das Ministerium löst sich damit von dem Konzept des Dynamischen Verfügbarkeitsmanagement, Einheiten lediglich nur mit bis zu 70 % des benötigten Geräts auszurüsten, und orientiert sich an dem realen Einsatzerfordernis einer Vollausstattung (BMVG 2015b, 2016c; Deutscher Bundestag 2016c, S. 7).

Die Agenda Rüstung, insbesondere die Umsetzung des Konzepts der Vollausstattung, sieht sich mehreren Herausforderungen gegenüber. Trotz aller Bemühungen der Verteidigungsministerin, die Übernahme vielfältiger Aufgaben mit Substanz zu unterlegen, lassen sich die bestehenden Verzögerungen, Kostensteigerungen und Minderleistungen bei der Agenda Rüstung sowie die immer wieder auftretenden Pannen vor allem bei älterem Fluggerät nicht kurzfristig beseitigen. Das heißt im Umkehrschluss, dass die Bundeswehr auch in den nächsten Jahren nur bedingt einsatzbereit ist und deutsche Soldaten nicht mit zuverlässiger und zweckmäßiger Ausrüstung ausgestattet sein werden, um einen angemessenen Beitrag zu Bewältigung des gesamten Einsatzspektrums leisten und mit optimalem Schutz vor Gefahren durchführen zu können. Die von der Ministerin eingeleitet Trendwende im Rüstungsbereich sieht sich im Wettlauf mit der Zeit, die Zielvorgaben im Kontext immer größerer Einsatzanforderungen einzulösen, die eigentlich spätestens mit der Neuausrichtung der Bundeswehr hätten beseitigt werden sollen.

Geld allein schafft nicht die notwendige Modernisierung, die am Erhalt von Schlüsseltechnologien, an der Stärkung der multinationalen Kooperation, der Schließung von Fähigkeitslücken und der Sicherung der materiellen Einsatzbereitschaft aller Hauptwaffensysteme ausgerichtet ist, wie die Verteidigungsministerin feststellte (Brössler und Hickmann 2015). In Bezug auf die immanenten Probleme vor allem bei Großrüstungsprojekten kamen die Gutachter der KPMG-Studie zu dem Schluss, „dass eine Optimierung des Rüstungsmanagements in nationalen und internationalen Großprojekten dringend und ohne Verzug geboten ist". Hierzu legten sie 180 konkrete und übergreifende Handlungsempfehlungen vor, deren Umsetzung „ein ambitioniertes Arbeitsprogramm bedeutet, das mindestens für die kommenden zwei Jahre erhebliche Kräfte binden wird" (BMVG 2014b, S. 51).

Der Anspruch, die Agenda Rüstung moderner, transparenter und effizienter zu machen, steht die ernüchternde Wirklichkeit gegenüber. Die auf der Grundlage der Empfehlungen des Konsortiums aus KPMG, P3 Group und TaylorWessing eingeleiteten grundlegenden Veränderungen in den Strukturen und Verfahren der Rüstungsbeschaffung sehen sich mit neuen Risiken und Problemen konfrontiert, die „der Dynamik von sich fortentwickelnden – und in der Regel langjährigen und hoch komplexen – Projekten immanent" sind. Ebenso konfrontieren komplexe, überwiegend über multinationale Agenturen geleiteten Luftfahrzeugprojekten unverändert die Bundeswehr mit einer tendenziell kritischen Risikokonstellation. Besonders im Projekt A400M hat sich die Risikosituation durch die neu aufgetretene Triebwerksproblematik

(PGB)[3] verschlechtert, dass ein Scheitern des gesamten Rüstungsprojektes nicht mehr ausgeschlossen werden kann (BMVG 2015g, S. 57, 59; defense-aerospace.com 2016; Gebauer und Traufetter 2016). Hinzu kommen die „seit Jahren bekannten" Schwierigkeiten bei der Rumpfproduktion, die weitere Verzögerungen im Zulauf der A400M an die Luftwaffe in diesem Jahr und den nächsten Jahren verursachen werden. Das Verteidigungsministerium räumt in einer „Übersicht Sachstand A400M" ein, bis heute „keinen definitiven Lieferplan" für den Zulauf der bestellten A400M zu haben. Bis Ende 2019 sind 40 neue Großraumtransporter im Bestand der Luftwaffe eingeplant; aktuell verfügt die Luftwaffe über drei A400M, bis zu sechs Maschinen sollen bis Ende des Jahres von *Airbus Defence and Space* geliefert werden. Die bereits verlängerte Nutzung der Transall-Transportflieger soll nach derzeitiger Planung Ende 2021 endgültig auslaufen. Bis dahin wird die A400M aber noch nicht in entsprechender Stückzahl an die Luftwaffe ausgeliefert sein. Spätestens dann wird die Fähigkeitslücke beim Lufttransport „manifest" (Möhle 2016; Gebauer 2016b).

Aufgrund „der Komplexität und Größe des Rüstungswesens, der starren rechtlichen und organisatorischen Rahmenbedingungen", sowie der kritischen Auftraggeber- und Auftragnehmer-seitigen Konstellation bei zentralen multinationalen Rüstungsgroßprojekten sind „deutlich sichtbare Fortschritte kurzfristig nicht zu erreichen" (BMVG 2015g, S. 3; 2016f, S. 3). In der Vergangenheit hatten Verzögerungen im Zulauf vor allem von multinationalen Großrüstungsprojekten zur Folge, dass das Wehrresort zwischen 2008 und 2014 fast vier Milliarden Euro nicht ausgegeben hatte, die vom Parlament bewilligt waren (Blome et al. 2014, S. 22; Marschall und Quadbeck 2014). Im Haushaltsjahr 2015 beliefen sich die nicht ausgegebenen Haushaltsgelder auf 900 Mio. EUR, die innerhalb des Wehretats für Rüstungsbeschaffung einschließlich rüstungsnaher Bereiche sowie Einsatzaufgaben und Personalkosten umgeleitet wurden (Leithäuser 2016).

Der Erfolg von Rüstungsprojekten hängt entscheidend von einer „nachhaltigen" Veränderung in der Führungskultur im Verteidigungsministerium, einer engen Abstimmung zwischen ministeriellen und behördlichen Strukturen und einer professionellen Zusammenarbeit zwischen Auftraggeber und Auftragnehmer insbesondere bei der Gestaltung komplexer (internationaler) Verträge ab. Es besteht nach wie vor ein dringender und umfassender Handlungsbedarf nach einem modernen Rüstungsmanagement im Verteidigungsministerium, mit dem die Wege umstrukturiert werden, auf denen die Bundeswehr ihre Rüstungsprojekte beschafft, kontrolliert und verwaltet (BMVG 2014b, S. 51). „Bei der Art und Weise, wie wir hochkomplexe Rüstungsprojekte managen, müssen wir deutlich

---

[3]PGB = Propeller Gear Box.

besser werden," sagte von der Leyen bei der Übergabe des Gutachtens (Die Welt 2014). Ihr Eingeständnis bedeutet, dass eine Umsetzung der Empfehlungen aus dem KPMG-Gutachten für ein modernes Rüstungsmanagement Zeit in Anspruch nehmen, um die identifizierten Schwachstellen zu beseitigen. Wie bei den Rüstungsbeschaffungen sind Verbesserungen nur auf der Zeitachse zu erwarten.

Deutlich besser werden muss die Bundeswehr nicht nur auf eine stringentere Ausrichtung des Rüstungsbeschaffungsprozesses auf einsatzbedingte Erfordernisse sondern auch bei der Beschaffung zukunftsorientierter Technologien, die von *Lethal Autonomous Weapons Systems* (LAWS), die ohne menschliches Eingreifen Ziele aussuchen und angreifen können, bis hin zu Cyber-Fähigkeiten reichen. Bereits heute kommen ferngesteuerte unbemannte Luftfahrzeuge (Drohnen) und Roboter etwa bei der Räumung von Bomben oder Minen zum Einsatz. Vor allem Pentagon-Planer sehen in dem neuen Ansatz einer „dritten Ausgleichsstrategie" die Möglichkeit, durch eine wirksame Nutzung künstlicher Intelligenz die technologische Überlegenheit der USA gegenüber Russland und China zu behaupten und amerikanische Streitkräfte in die Lage zu versetzen, „ihren Weg zum Gefecht kämpfen zu können" (Dyer 2016a, b; vgl. Work und Brimley 2014; Martinage 2014). Die Vision einer neuen militärtechnologischen Revolution stellt die politisch Verantwortlichen in Berlin vor die heikle Frage, ob, und wenn ja, wie weit sie bereit sind, den USA bei der Forschung und Entwicklung und Beschaffung der politisch, rechtlich und moralisch umstrittenen letalen autonomen Waffensysteme (Arkin 2013; UNIDIR 2014) zu folgen, die bereits auf der untersten Autonomiestufe – Kampfdrohnen im Einsatz zur gezielten Tötung ranghoher Vertreter des *Al-Qaida*-Terrornetzwerks und einer etwaigen deutschen Beteiligung (Deutscher Bundestag 2015b) – von großen Teilen der deutschen Öffentlichkeit abgelehnt wird. Um „eine weitere Drehung" der Rüstungsspirale bei „offensiven Cyberfähigkeiten, bewaffneten Drohnen, Robotik, elektronische Kampfmittel, Laser- und Abstandswaffen" zu vermeiden, regt Außenminister Steinmeier „einen Neustart der Rüstungskontrolle als bewährtes Mittel für Transparenz, Risikovermeidung und Vertrauensbildung" an (Steinmeier 2016a). Demgegenüber ist die Obama-Administration bestrebt, die technologische Überlegenheit der USA in den Bereichen künstlicher Intelligenz und Autonomie zu nutzen, um ihre globalen Machtprojektionsfähigkeiten im Rahmen einer dritten „offset-strategy" vor allem gegenüber einem wieder auflebenden Russland und einem aufstrebenden China zu stärken. „Wenn Gegner versuchen uns zu kopieren, werden wir immer einen Schritt vor ihnen sein," erklärte der stellvertretende amerikanische Verteidigungsminister Robert Work wegweisend (U.S. Department of Defense 2016).

Für die Bundeswehr ist neben den klassischen Dimensionen Land, Luft, See und Weltraum der Cyber- und Informationsraum zu einem Operationsraum geworden, in dem sie über geeignete operative Fähigkeiten einschließlich geeigneten Personals sowie entsprechender Ausrüstung verfügen muss. Um die Bundeswehr im Cyber-Informationsraum zukunftsfähig zu machen, wird zum 1. April 2017 das Kommando *Cyber- und Informationsraum* (CIR) einschließlich von zwei neuen Cyber-Zentren für Cyber-Sicherheit und Cyber-Operationen aufgestellt und als sechster Organisationsbereich von einem eigenen Inspekteur geleitet (BMVG 2016f, S. 27, 70–71; 2016g, S. 23, 27–28; 2016h). Auch im Bereich der Cyber-Verteidigung läuft die Bundeswehr den technologischen Entwicklungen und den seit Jahren bekannten Bedrohungen im Cyber-Informationsraum hinterher. Das strategische Konzept der NATO wies bereits 2010 darauf hin, dass eine zunehmend vernetzte, digitalisierte Welt Mitgliedstaaten, deren Wirtschaft und Gesellschaft durch zunehmend komplexere Angriffe vonseiten staatlicher und nicht-staatlicher Akteure mit Viren, Trojanern bis hin zu *Advanced Persistent Threats* (APT) auf kritische Infrastrukturen wie Energieversorger oder Banken verwundbar macht und damit ihren Wohlstand, Sicherheit und die Stabilität des euro-atlantischen Raums bedroht (NATO 2010, § 12).[4] Nach Aussage des Präsidenten des Bundesamts für Verfassungsschutz, Hans-Georg Maaßen, ist Informationssicherheit in Regierung, Verwaltung, Wirtschaft, Wissenschaft und Forschung „permanent bedroht" (Lohse 2016; BMVG 2016g, S. 1; Deutscher Bundestag 2015h, S. 1–3). So legte eine *denial of service*-Cyberattacke am 27. April 2007 in Estland Banken, Behörden, Polizei und Regierung für mehrere Tage lahm. Im Mai 2015 kam es zu einer Cyberattacke auf das interne Datennetz des Deutschen Bundestages. Bereits Anfang Januar waren die Internetseiten von Bundeskanzleramt und Bundestag durch einen Cyberangriff einer prorussischen Hacker-Gruppe aus der Ukraine namens *CyberBerkut* stundenlang lahmgelegt worden. Die Grenzenlosigkeit des Cyber-Raums, die Zuordnungsproblematik und die kostengünstigen Möglichkeiten zur asymmetrischen Wirkung haben Cyber-Angriffe zu einem wirkungsvollen Mittel gemacht – häufig, um Ziele unterhalb der Schwelle eines militärischen Angriffs durchsetzen. Sie heben die Bedrohung auf neue Qualitätsstufe, durch die vor allem asymmetrische Kräfte gestärkt werden. Der Cyber-Raum wird zu einem Ort hybrider Kriegsführung (Major und Mölling 2015; Dengg und Schurian 2015, S. 48–49; Tamminga 2015; BMVG 2016m, S. 36–39, 41, 93).

---

[4]Das Schlagwort „*Cyberwar*" steht für militärische IT-Angriffe auf computergestützt betriebene Systeme anderer Staaten mit dem Ziel, diese zu sabotieren, die Kontrolle über sie zu erlangen, sie außer Kraft zu setzen oder Fehlfunktionen hervorzurufen.

Mit dem Eintritt der Bundeswehr in die Verteidigung des Cyber-Informations-raums mehr als fünf Jahre nach Verabschiedung des strategischen Konzepts räumte die Verteidigungsministerin ein, dass die Bundesrepublik gegenüber wichtigen Verbündeten wie den USA oder Großbritannien ins Hintertreffen geraten ist. „Entscheidend ist jetzt vor allem, Strecke zu machen" (Hemicker 2016). Um die Streitkräfte für Computerspezialisten attraktiver zu machen, kündigte von der Leyen ein Bündel von Maßnahmen an. So soll bis 2018 ein eigener, internationaler Cyber-Studiengang an der Universität der Bundeswehr in München ins Leben gerufen werden, der bis zu 70 Absolventen pro Jahr bereit stellen soll (BMVG 2016i). „Strecke zu machen" mit Substanz in den nächsten Jahren zu unterlegen, stellt die Bundeswehr vor die schwierige Aufgabe, im harten Wettbewerb mit der Privatwirtschaft um qualifizierten Nachwuchs im Informationstechnikhandwerk mitzuhalten. Trotz Attraktivitätsprogramm ist es ihr bisher nicht gelungen, die Bundeswehr auf dem engen Arbeitsmarkt als erste Wahl für qualifizierten Nachwuchs zu positionieren. „Strecke zu machen" wird weiter relativiert durch den Umstand, dass die Ausbildung von qualifiziertem Nachwuchs in Mangelverwendungen wie im IT-Bereich Zeit benötigt, mit der sich der Abstand zu anderen Bündnispartnern im Cyber-Informationsbereich in den nächsten Jahren weiter vergrößert.

Schließlich wies die Verteidigungsministerin auf die Notwendigkeit hin, dass eine flexible Funktionserfüllung der Bundeswehr nur gewährleistet werden könne, wenn bis 2030 insgesamt 130 Mrd. EUR in die Streitkräfte investiert werden. Der heute absehbare Gesamtbedarf umfasst ca. 1500 Maßnahmen. Mit knapp neun Milliarden Euro pro Jahr würden sich die Investitionen in die Ausrüstung gegenüber den bisher vorgesehenen Mitteln etwa verdoppeln. Mit einer Fortschreibung der bisherigen Finanzplanung bis 2030 ließe sich dieses ambitionierte Ziel nicht erreichen. Für den „großen Nachholbedarf" benötigt die Bundeswehr „eine langfristige und verlässliche Finanzierung", so die Ministerin. Deshalb sei die Diskussion über den Verteidigungshaushalt tatsächlich eine Diskussion darüber, „dass das, was wir haben wollen, auch mit Substanz unterlegt sein muss" (DasErste Mediathek 2016; BMVG 2016d).

3　　Trendwende Haushalt: Beseitigung der Unterfinanzierung

Die hochgesteckten Erwartungen von der Leyens, die seit Jahren anhaltende chronische Unterfinanzierung der Streitkräfte zu beenden, sehen sich durch die jüngsten Beschlüsse der Bundesregierung bestätigt. Gegenüber dem

Haushaltsjahr 2015 (33,0 Mrd. EUR) steigt das Volumen nominal um etwa 1,3 Mrd. EUR auf 34,288 Mrd. EUR. Bis 2020 soll der Verteidigungsetat auf 39,177 Mrd. EUR stetig anwachsen. Der Eckwertebeschluss 2017 derBundesregierung sieht gegenüber dem geltenden Finanzplan einen Anstieg des Verteidigungsetats um 10,206 Mrd. EUR von 2017 bis 2020- 2017: 1,7 Mrd. EUR, 2018: 1,8316 Mrd. EUR, 2019: 2,6744 Mrd. EUR, 2020: 4,0 Mrd. EUR – vor (Bundesministerium der Finanzen 2016, S. 19; Bundeshaushaltsplan 2016, S. 3; BMVG 2016e).

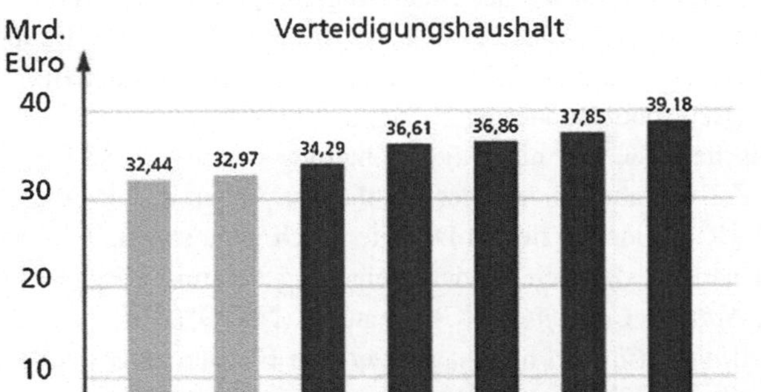

Der Verteidigungshaushalt als finanzieller Rahmen der Bundeswehr wird 2016 und in den kommenden vier Jahren deutlich steigen. Der „substanzielle Zuwachs ist notwendig, sachgerecht und eine wichtige Trendwende für die Bundeswehr", erklärte die Ministerin. Nun gehe es darum, „die im Jahr 2016 eingeleitete Trendwende zu verstetigen" (Deutscher Bundestag 2016e, S. 16.427). Die optimistische Erwartung der Ministerin wirft zwei Fragen: Kann mit der geplanten Erhöhung der Verteidigungsausgaben bis 2020 die angekündigte Trendwende bei Personal und Material mit Substanz unterlegt werden? Wird sich dieser positive Trend auch über das Jahr 2020 bis zum Ende des nächsten Jahrzehnts verstetigen, um die langfristig angelegte Trendwende hin zur Vollausstattung, einem modernen Rüstungsmanagement und einem atmenden Personalkörper erfolgreich abzuschließen?

Die Bundeskanzlerin wies darauf hin, das mit der „signifikanten Erhöhung" der Verteidigungsausgaben im nächsten Jahr und „einer weiteren Steigerung" bis 2020 „der Ansatz zur Trendumkehr bei den Verteidigungsausgaben deutlich erkennbar ist" (Deutscher Bundestag 2016g, S. 17.983). Der Wehrbeauftragte

Bartels konstatierte in seinem Jahresbericht, dass der Verteidigungskostenanteil gemessen an der gesamten Wirtschaftsleistung Deutschlands (BIP) von 1,16 % im Jahr 2015 auf 1,18 % im Jahr 2016 steigen wird. Damit liegt Deutschland nach wie vor deutlich hinter den durchschnittlichen Verteidigungsausgaben der europäischen Bündnispartner von 1,43 % des BIP. Mit dem mittelfristigen Finanzplan wird sich der Verteidigungshaushalt nach NATO-Kriterien bis 2020 auf einem Niveau von 1,2–1,3 % des BIP verstetigen (Deutscher Bundestag 2016c, S. 17; 2016e, S. 16.425; NATO 2016a, S. 2, 3, 6). Gemessen am Bruttoinlandsprodukt von 2015 müsste der Verteidigungsetat auf über 60 Mrd. EUR bis zum Jahr 2025 steigen, um die Zusage der Bundesregierung auf dem NATO-Gipfeltreffen in Wales einzuhalten (NATO 2014, § 14; BMVG 2015e; Die Bundesregierung 2016b; BMVG 2016m, S. 117). Bis dahin, so die Bundeskanzlerin, „bleibt noch viel zu tun" (Deutscher Bundestag 2016g, S. 17.983).

Die kritische Größe ist nicht die Einhaltung der in der NATO 2002 vereinbarten 2 %-Zielvorgabe sondern der nachhaltige Abbau der im NATO *Readiness Action Plan* (RAP) identifizierten Defizite durch gemeinsame Fähigkeitsbeiträge der Bündnispartner, die sich an der Steigerung der militärischen Effizienz des *Framework Nations Concept* (FNC) orientiert (NATO 2014, § 67; 2016c). Eine Studie des *Atlantic Council* hat auf gravierende Einsatzmängel vor allem bei der neu aufgestellten NATO-Speerspitze hingewiesen, die nach einer Simulation der *Rand Corporation* zu einer „katastrophalen" Niederlage von Bündnisstreitkräften im Baltikum innerhalb von 60 h führen würde, wenn es dort zu einem militärischen Auseinandersetzung mit russischen Streitkräften kommen sollte (Benitez 2016, S. 3; Shlapak und Johnson 2016, S. 1, 4; NATO 2016b; Jones 2016; Die Zeit 2016). Angesichts der veränderten sicherheitspolitischen Lage im östlichen Europa ist gerade die Bundeswehr als Rahmennation der NATO-Speerspitze gefordert, ihre Fähigkeitsbeiträge nach Maßgabe der NATO-Planungen und Erfordernisse des FNC wirkungsvoll zu erhöhen. In diesem Zusammenhang betonte die NATO-Gipfelerklärung von Wales, dass eine Erhöhung von Investitionen auf 20 % oder mehr der gesamten Verteidigungsausgaben genutzt werden sollte, „unsere Prioritäten bei den Fähigkeiten zu verwirklichen". Denn die Sicherheit des Bündnisses hängt davon ab, „wie viel wir ausgeben und wie wir es ausgeben" (NATO 2014, § 14; Mölling 2015, S. 3–4; Keller 2016, S. 20–21). Die NATO-Zielmarke eines 20-%-Anteils für Rüstungsinvestitionen wird mit dem Eckwertbeschluss der Bundesregierung aber erst frühestens 2020 erreicht.

Der Trendwende bei den rüstungsinvestiven Ausgaben bis 2030 steht die Vorgabe des Finanzministeriums entgegen, auch in den nächsten vier Jahren unter Einhaltung der im Grundgesetz verankerten Schuldenbremse einen ausgeglichenen Bundeshaushalt („schwarze Null") zu gewährleisten. Zwar steigt der Verteidigungsetat 2016 um rund vier Prozent. Gegenüber dem Vorjahr haben sich die Kosten für Personal- und Versorgungsausgaben (Pensionen, Renten) um 637,5 Mio. EUR, die für Rüstungsintensive Ausgaben aber nur um 394,4 Mio. EUR erhöht – dies sind rund 10 % des von der Ministerin bezifferten Mehrbedarfs von vier Mrd. EUR pro Jahr. Die zusätzlichen Belastungen von knapp 700 Mio. EUR aufgrund der Ende April beschlossenen Tariferhöhungen um 4,75 % für den Öffentlichen Dienst sind dabei ebenso wenig miteingerechnet wie ein möglicher Aufwuchs beim militärischen und zivilen Personal.

Der Eckwertplan der Bundesregierung bis 2020 unterstreicht, dass sich die Verteidigungsministerin mit ihrer zentralen Forderung nach einer Anhebung der Rüstungsinvestitionen von vier Mrd. Euro über die nächsten 15 Jahre *nicht* durchgesetzt hat. Die mittelfristige Finanzplanung sieht eine Aufstockung von 1,275 Mrd. EUR für 2017, 1671 Mrd. EUR für 2018, 2581 Mrd. EUR für 2019 und 3889 Mrd. EUR für 2020 vor, um den Mehrbedarf von Rüstungsbeschaffungen (einschließlich Wehrforschung, Entwicklung und Erprobung) sowie sonstigen Mehrbedarf, einschließlich Personal/Versorgung, abzudecken (BMVG 2016b; Gebauer 2016a). Nach Abzug des Mehrbedarfs für Personal/Versorgung wird die von der Verteidigungsministerin eingeforderte Erhöhung der Rüstungsbeschaffungen um rund vier Mrd. Euro jährlich bis 2020 nicht erreicht. Halten Nachfolgeregierungen an den ca. 1500 Maßnahmen für eine aufgabenorientierten Ausstattung der Bundeswehr bis 2030 fest, käme auf den Bundeshaushalt unweigerlich eine Investitionsbugwelle in der nächsten Dekade zu, für die bisher keine finanzielle Vorsorge im Verteidigungsetat getroffen ist. Sie werden vor dem gleichen Kernproblem stehen, an denen bereits die Reformen der Verteidigungsminister Scharping und Struck gescheitert sind: die Bundeswehr hat eine Struktur, die gemessen am Finanzrahmen zu schnell modernisiert wird. Die Rüstungsplanung sieht sich einer paradoxen Situation gegenüber: während bis in die Gegenwart bewilligte Haushaltsgelder nicht in vollem Umfang für fest eingeplante Rüstungsbeschaffungen aufgrund vielfältiger Probleme abgerufen werden können, droht in der nächsten Dekade eine Investitionsbugwelle auf den Verteidigungshaushalt zuzurollen, die wie in Vergangenheit nur durch den Rückgriff auf die unliebsame Option des Kürzens, Streckens und Streichens „aufgelöst" werden kann, allerdings um den Preis, dass die Kosten für die in der Stückzahl weiter reduzierten Großrüstungsprojekte aufgrund vertraglich vereinbarter Preisanpassungen in die Höhe schnellen werden. Stellt man die weit über der Inflationsrate liegenden Kostensteigerungen bei Großrüstungsprojekten und die mit dem Zulauf umfangreicher Beschaffungsmaßnahmen einhergehenden höheren Betriebskosten in Rechnung, reicht selbst eine Steigerung der Rüstungsinvestitionen um vier Mrd. Euro pro Jahr nicht aus, den langen Wunschzettel der Verteidigungsministerin vom neuen Organisationsbereich Cyber- und Informationsraum bis hin zur Sanierung zahlreicher Bundeswehr-Unterkünfte in die Tat umzusetzen.

Die von der Verteidigungsministerin angekündigte Trendwende bei Personal und Material ist erst dann politisch verbindlich, wenn sie mit einer nachhaltigen Haushaltpolitik unterlegt ist. Da der Eckwertebeschluss vom März diesen Jahres für die im September 2017 neu gewählte Bundesregierung nicht mehr Verbindlichkeit als „ein Scheck ohne Unterschrift" hat, ist über das Jahr 2017 hinaus eine verlässliche Bundeswehrplanung nicht möglich, wie Rainer Arnold, Sprecher der Arbeitsgruppe „Verteidigung" der SPD-Bundestagsfraktion, feststellte (Arnold 2016; Jungholt 2016). Hier sieht sich die Bundeswehrplanung einem verfassungsrechtlichen Problem gegenüber, auf das die Ministerin in ihrem Tagebefehl vom 10. Mai 2016 hingewiesen hat. Artikel 87a, Absatz 1, des Grundgesetzes gibt vor, dass sich die zahlenmäßige Stärke und die Grundzüge der Organisation der Streitkräfte aus dem vom Bundestag genehmigten Haushaltsplan ergeben müssen. Entsprechend konnte das Haushaltsaufstellungsverfahren für den Bundeshaushalt 2017 und die Finanzplanung bis 2020 keine Entscheidungen mit „präjudizierender" Wirkung für „eine langfristige, sehr strategische Ausrichtung bis zum Jahr 2030" treffen, wie die Sprecherin des Finanzministeriums Friederike von Tiesenhausen-Cave klarstellte (Die Bundesregierung 2016a). Das Haushaltsrecht des Bundestages steht einer Verstetigung der strategischen Ausrichtung der Bundeswehr bei Personal und Rüstung bis zum Ende der nächsten Dekade im Wege. Das heißt im Umkehrschluss, dass für das Verteidigungsministerium kein Weg vorbeiführt, zu erklären, welche Fähigkeiten unentbehrlich und welche nachrangig sind und wo die Schwerpunkte mit Blick auf eine effiziente Arbeitsteilung im euro-atlantischen Handlungsverbund liegen. Sonst wird die Bundeswehr vom Ist-Befund der drei letzten Reformen sehr schnell eingeholt, dass Auftrag, Struktur und Finanzausstattung nach wie vor nicht zusammenpassen (Meiers 2004, 2006, S. 333–347; 2012).

Mehr Verantwortung Deutschlands in der Welt 3

In Bezug auf die 2014 wieder entbrannte öffentliche Debatte über Deutschlands Rolle in der Welt hatte Bundespräsident Roman Herzog bereits 1995 angemahnt, dass „das Ende des Trittbrettfahrens erreicht ist. Deutschland gehört zum Konzert der großen Demokratien, ob es will oder nicht, und wenn eine dieser Demokratien beiseite steht, schadet sie unweigerlich nicht nur den anderen –sondern letztlich auch sich selbst" (Der Bundespräsident 1995). Nach den Terroranschlägen des 11. September 2001 in den USA betonte Bundeskanzler Gerhard Schröder, dass die Zeit „sekundärer Hilfsleistungen...unwiederbringlich vorbei" sei. „Die Bereitschaft, unserer größer gewordenen Verantwortung für die internationale Sicherheit gerecht zu werden, bedeutet auch ein weiter entwickeltes Selbstverständnis deutscher Außenpolitik" (Deutscher Bundestag 2001, S. 18680, 18682, 18683).

Im Kontext der geballten krisenhaften Entwicklungen in und außerhalb Europas äußerten sich der Bundespräsident, die Verteidigungsministerin und der Außenminister in ihren Reden auf der Münchener Sicherheitskonferenz in die gleiche Richtung. Wie sein Vorgänger sprach sich Bundespräsident Gauck für ein deutlich ausgeweitetes Engagement Deutschlands in der Welt aus. „Die Bundesrepublik sollte sich als guter Partner früher, entschiedener und substanzieller einbringen". Diese Verantwortung schließe „nach sorgfältiger Prüfung und nach Folgenabwägung" den Einsatz militärischer Gewalt gegen Völkermord, Kriegsverbrechen, ethnischen Säuberungen oder Verbrechen gegen die Menschlichkeit als „äußerstes Mittel" ein (Der Bundespräsident 2014). Ebenso mahnte Außenminister Steinmeier an, dass Deutschland bereit sein müsse, „sich außen- und sicherheitspolitisch früher, entschiedener und substanzieller einzubringen." Der Einsatz von Militär sei ein äußerstes Mittel, bei dem Zurückhaltung geboten bleibe. Allerdings dürfe eine Kultur der Zurückhaltung für Deutschland nicht zu

© Springer Fachmedien Wiesbaden 2017
F.-J. Meiers, *Bundeswehr am Wendepunkt*, essentials,
DOI 10.1007/978-3-658-15710-4_3

einer Kultur des Heraushaltens werden (Auswärtiges Amt 2014a). In die gleiche Richtung äußerte sich Verteidigungsministerin von der Leyen. „Abwarten ist keine Option. Wenn wir über die Mittel und Fähigkeiten verfügen, dann haben wir auch eine Verantwortung, uns zu engagieren" (BMVG 2015a). Deutschland wird seine Verantwortung nicht wahrnehmen, indem es als vermeintliche „Nummer eins voranstürmt." Nicht „Führung mit der Pickelhaube" sondern „Führung aus der Mitte" entspricht „der politischen Kultur Deutschlands im 21. Jahrhundert". Führung aus der Mitte setze „Handlungswille und Handlungsfähigkeit" Deutschlands voraus, in enger Zusammenarbeit mit den Partnern im euro-atlantischen Handlungsverbund für Sicherheit in und außerhalb Europas zu sorgen (BMVG 2015a). Die Kernfrage lautet: „Wo" und „Wie" nimmt Deutschland „mehr an Verantwortung" für die Sicherung des Friedens in der Welt wahr (Der Bundespräsident 2014; Auswärtiges Amt 2015; BMVG 2015a)?

1   Deutschlands Beiträge zum internationalen Krisenmanagement

Deutschlands Beitrag zur Bewältigung der zahlreichen Krisen und Konflikten von Afghanistan, über Irak und Syrien bis hin zum Mali legt ein Verhaltensmuster offen, das bereits seit der Zeitenwende 1989/1980 und den Terroranschlägen von 9/11 sichtbar geworden war, die rote Linie zu hochintensiven Kampfeinsätzen am Boden nicht zu überschreiten. Über die Ende 2014 beendete *ISAF*[1]-Mission hinaus beteiligt sich die Bundeswehr an der *NATO-Mission Resolute Support* zur Ausbildung, Beratung und Unterstützung afghanischer nationaler Verteidigungs- und Sicherheitskräfte in Kabul, Bagram und Masar-e Scharif. Nach anfänglich 850 Soldaten/innen ist das deutsche Kontingent seit Anfang 2016 auf bis zu 980 Soldaten/innen aufgestockt worden. Gemäß Beschluss des Bundestages vom 17. Dezember 2015 ist die Nachfolgemission „kein Kampfeinsatz" und hat wie die *ISAF*-Mission „nicht die Aufgabe, sich direkt an der Terror- oder der Drogenbekämpfung zu beteiligen" (Deutscher Bundestag 2015e, S. 6).

Als Reaktion auf den Vorstoß der Terrormiliz Islamischer Staat (IS) in weite Teile der irakischen Provinzen Ninawa, al-Anbar und Salah ad-Din seit Juni 2014 beschloss die Bundesregierung am 31. August 2014, einen Beitrag zum nachhaltigen Fähigkeitsaufbau der Sicherheitskräfte der Regierung der Region Kurdistan-Irak sowie der irakischen Streitkräfte zu leisten. Seit September 2014 liefert die

---

[1]ISAF = International Security Assistance Force.

Bundeswehr humanitäre Hilfsgüter und militärischer Ausrüstung in den Nordirak. Bis zu 100 deutsche Soldaten/innen unterweisen kurdische Peschmerga-Kämpfer in die gelieferte Ausrüstung. Mit Zustimmung des Bundestages am 28. Januar 2016 ist die Ausbildungsunterstützung für die nord-irakischen Peschmerga-Kämpfer auf 150 deutsche Soldaten/innen angehoben worden. Wie bei der Ausbildungsunterstützung für die afghanischen Sicherheitskräfte dürfen deutsche Militärausbilder Peschmerga-Kämpfer nicht ins Kampfgebiet gegen den IS begleiten. Die deutschen Unterstützungsleistungen beschränken sich auf den Nordirak mit Schwerpunkt im Raum Erbil (Deutscher Bundestag 2014, S. 2, 4; 2016b, S. 2, 3, 5): Innerhalb des Mandats wird die Bundeswehr, dem Verfahren anderer Ausbildungsnationen im Irak folgend, die Ausbildungseinrichtungen näher an den Einsatzort der Peschmerga, der vom IS besetzten Stadt Mossul, verlegen. „Oberste Priorität" hat aber weiterhin „die Sicherheitslage" vor Ort, betonte die Verteidigungsministerin bei ihrem Besuch in Erbil Ende September 2016 (BMVG 2016n).

Vor dem Hintergrund der Terroranschläge in Tunesien, der Türkei, im Libanon, gegen Russland und insbesondere in Paris am 13. November 2015 unterstützt die Bundeswehr die internationale Allianz im Kampf gegen den IS in dessen Kerngebiet Irak und Syrien unmittelbar durch Bereitstellung von sechs Aufklärungsflugzeugen vom Typ *Recce*[2]-Tornado. Darüber hinaus werden Tankflugzeuge zur Luft-zu-Luft-Betankung von Kampfflugzeugen der internationalen Allianz, eine Fregatte als Begleitschutz für den französischen Flugzeugträger Charles de Gaulle sowie Personal in Stäben und Hauptquartieren bereitgestellt. Die bis zu 1.200 Soldaten/innen beteiligen sich nicht direkt an Kampfhandlungen gegen den IS aus der Luft oder am Boden. Der Schwerpunkt des deutschen Beitrages liegt auf der logistischen Unterstützung verbündeter oder partnerschaftlich verbundener Staaten (USA, Australien, Vereinigtes Königreich, Frankreich) in ihrem Kampf gegen den IS (Deutscher Bundestag 2015f, S. 2–3).

Auf Antrag der amerikanischen Regierung beschlossen die NATO-Staats- und Regierungschefs auf ihrem Gipfeltreffen in Warschau, dass *AWACS*[3]-Aufklärungsflugzeuge nach Zustimmung der jeweiligen nationalen Parlamente ab dem Herbst im syrischen und irakischen Luftraum operieren und „direkte Unterstützung" für die internationale Anti-IS-Koalition leisten werden (NATO 2016f, § 96). Damit wird sich nicht nur die das Bündnis erstmals direkt an dem Luftkrieg außerhalb des Bündnisgebietes („off area") beteiligen, sondern auch die Bundeswehr wird damit noch stärker in den Kampf gegen den IS eingebunden – 30 % des

---

[2]Recce = Reconnaissance.
[3]AWACS = Airborne Early Warning and Control System.

Bord-Personals stellt die Bundeswehr. Auf Bitte der türkischen Regierung fliegen bereits seit dem 12. März die vom Stützpunkt Geilenkirchen auf den Einsatzflugplatz Konya in der Türkei verlegten *AWACS*-Maschinen Einsätze im türkischen Luftraum, um das Luftlagebild der NATO im Rahmen der Bündnisverteidigung des südlichen Bündnispartners zu verbessern (NATO 2016d). In dem Schreiben vom 18. Dezember 2015 teilten das Auswärtige Amt und das Bundesverteidigungsministerium den zuständigen *Fachausschüssen* des Bundestages mit, dass für die „vorübergehende Verlegung" von *AWACS*-Aufklärungsflugzeugen kein Bundestagsmandat erforderlich sei, weil der Einsatz von Waffengewalt von syrischer Seite „derzeit nicht zu erwarten" sei (Die Bundesregierung 2015). Die Bundeskanzlerin kündigte im Vorfeld des NATO-Gipfels in Warschau an, dass die Bundesregierung einer Ausweitung des *AWACS*-Einsatzes über die Grenzen der Türkei hinaus unterstützen werde. Eine bessere Koordinierung und Überwachung des syrischen und irakischen Luftraums würde die „Sicherheit" der hier operierenden deutschen Aufklärungstornados erhöhen. Sobald die Details der Einsatzplanung vonseiten der NATO vorliegen, wird die Bundesregierung den Bundestag „hierzu wie geboten natürlich befassen" (Deutscher Bundestag 2016g, S. 17982).[4]

Seit Juni 2013 ist die Bundeswehr an der Multidimensionalen Integrierten Stabilisierungsmission der Vereinten Nationen in Mali *(MINUSMA*[5]*)* beteiligt. Die ursprüngliche personelle Obergrenze von 150 Soldaten/innen ist auf Beschluss des Bundestages vom 27. Januar 2016 auf 650 Soldaten/innen angehoben worden. Seit Februar stellt die Bundeswehr Objektschutzkräfte und Einsatz-, Logistik-, Sanitäts- sowie Führungsunterstützungskräfte, eine verstärkte gemischte Aufklärungskompanie sowie weiteres Stabspersonal für die VN-Mission bereit. Der erweiterte Beitrag konzentriert sich vor allem auf die Fähigkeitsbereiche Aufklärung und abrufbaren taktischen Lufttransport (C-160 D) und Luftbetankungsfähigkeiten (Airbus A310 MRTT[6]) zur Entlastung französischer und niederländischer

---

[4]Angesichts des Einreiseverbots für deutsche Abgeordnete in die Türkei – als Reaktion auf die die Armenien-Resolution des Bundestages Anfang Juni verweigerte die Türkei die Erlaubnis für eine Reise von Verteidigungsstaatssekretär Ralf Brauksiepe mit einer Gruppe von Abgeordneten nach Incirlik – schließt die Verteidigungsministerin ein Scheitern eines neuen *AWACS*-Mandats im Bundestag nicht aus. Die Abgeordneten würden einem *AWACS*-Mandat nur unter der Bedingung zustimmen, „wenn sie auch wüssten, dass sie die Streitkräfte am Einsatzort besuchen könnten" (tagesschau.de 2016).
[5]MINUSAMA = United Nations Multidimensional Integrated Stabilization Mission in Mali.
[6]MRTT = Multi Role Transport Tanker.

Streitkräfte. Deutsche Soldaten/innen werden in Gebieten mit erheblicher oder hoher Bedrohungslage eingesetzt, die die Verfügbarkeit von beweglichen und schnell verlegbaren robusten Kräften unabdingbar machen. Der Unterstützungsbeitrag sieht jedoch eine Beteiligung an Kampfeinsätzen an der Seite französischer oder malischer Truppen gegen terroristische Gruppierungen nicht vor (Deutscher Bundestag 2016a).

Komplementär zur *MINUSMA*-Mission ist die Bundeswehr seit dem Frühjahr 2013 an der European Training Mission in Mali *(EUTM Mali[7])* beteiligt. Bis zu 300 deutsche Soldaten/innen nehmen an der Pionier- und Logistikausbildung malischer Streitkräfte teil. Außerdem wird eine der malischen Infanteriekompanien mit einem bi-nationalen Trainerteam der Deutsch-Französischen Brigade ausgebildet. Das ursprünglich auf den Süden des Landes beschränkte Einsatzgebiet umfasst auf Beschluss des Europäischen Rates vom 23. März 2016 und des Bundestages vom 12. Mai 2016 das Staatsgebiet bis zum Nigerbogen einschließlich der Ortschaften Gao und Timbuktu sowie die Verbindungsstraße zwischen den beiden Ortschaften nördlich des Niger. Wie in Afghanistan und im Nordirak bleibt eine Begleitung von malischen Streitkräften in umkämpfte Gebiete vor allem nördlich des Nigers ausgeschlossen (Deutscher Bundestag 2016d, S. 1–3, 5).

Schließlich beteiligt sich die Deutsche Marine seit Ende Juni 2015 mit zwei Schiffen und bis zu 950 Soldaten an der EU-geführten Mission *EUNAVFOR MED*[8], um Menschenschmuggel und Menschenhandelsnetzwerke im südlichen und zentralen Mittelmeer zu unterbinden (Phase 1) und Hilfe für in Seenot geratene Personen zu leisten (Deutscher Bundestag 2015d, S. 1–4). Auf der Grundlage der UN- Sicherheitsresolution 2292 vom 14. Juni 2016 (United Nations 2016) und des Beschlusses des Rates der Europäischen Union vom 20. Juni 2016 (Official Journal 2016b, § 1, § 2a[2], § 2b[2]) stimmte der Bundestag am 7. Juli 2016 mit 457:111 Stimmen einem erweiterten Mandat für die *Operation Sophia* zur Durchsetzung eines Waffenembargos gegen terroristische Gruppen in Libyen, insbesondere des im Raum Sirte operierenden IS, zu (Deutscher Bundestag 2016g, S. 18115–18118). Danach darf die Bundeswehr in internationalen Gewässern südlich Siziliens und der Küste Libyens und Tunesiens verdächtige Schiffe stoppen und ihre Ladung „im Einklang mit anwendbarem Recht" nach Waffen kontrollieren. Während ein Vorgehen gegen Menschenhandelsnetzwerke in Territorialgewässern (Phase 2) sowie dem Festland Libyens (Phase 3) nur in Einklang mit etwaigen Resolutionen des UN-Sicherheitsrates und/oder mit Zustimmung der

---

[7]EUTM Mali = European Union Training Mission Mali.

[8]EUNAVFOR MED = European Union Naval Force – Mediterranean.

libyschen Einheitsregierung möglich ist, aber bisher nicht vorliegen, beschränkt sich die Anwendung militärischer Gewalt gegen illegalen Waffenschmuggel ausschließlich „auf Hohe See". Darüber hinaus wird sich die Bundeswehr an der Ausbildung und dem Kapazitätsausbau der libyschen Küstenwache und Marine beteiligen. Aufgrund der nach wie vor sehr gefährlichen Lage vor Ort wird die Schulung libyscher Kräfte in relevanten Trainingszentren von EU-Mitgliedstaaten und auf Schiffen der EU durchgeführt (Deutscher Bundestag 2016f, § 1, § 3, § 6; Frankfurter Allgemeine Zeitung 2016).

Die vom Bundestag von Dezember 2015 bis Mai 2016 verabschiedeten Mandate für die Auslandseinsätze von Afghanistan bis Mali haben zwei Dinge gemeinsam: Bei der Bekämpfung des internationalen Terrorismus, insbesondere des IS, ist die Bundesregierung sehr wohl bereit, den deutschen Beitrag hinsichtlich Personalumfang, Auftrag und Einsatzgebiet auszuweiten. Der militärische Beitrag Deutschlands ist mit einem „robusten" Mandat ausgestattet, schließt aber eine Beteiligung an Kampf- bzw. Kriegseinsätzen in den Krisengebieten aus. Der Einsatz beschränkt sich auf Aufklärung, Ausbildungsunterstützung, Logistik und Schutz. Außenminister Steinmeier fasste den Beitrag der Bundeswehr bei der Bekämpfung des internationalen Terrorismus treffend in den Worten zusammen: „Wir tun das, was militärisch gebraucht wird. Wir tun das, was wir können, und wir tun das, was wir verantworten können" (Deutscher Bundestag 2015g, S. 13883).

Parallel zur Ausweitung des militärischen Engagements der Bundeswehr betont die Große Koalition wie zuvor die rot-grüne Bundesregierung nach den Terroranschlägen in den USA, dass der Einsatz der Bundeswehr bei der Terrorismusbekämpfung in einem umfassenden sicherheitspolitischen Ansatz eingebettet ist, die komplexen Ursachen gewaltsamer Konflikte mit einem abgestimmten Instrumentarium politischer, ökonomischer, sozialer und entwicklungspolitischer Mittel zu begegnen und eine funktionsfähige Staatlichkeit in den Konfliktgebieten von Afghanistan bis Mali aufzubauen (Deutscher Bundestag 2015d, S. 7; 2015e, S. 5; 2015f, S. 5; 2016a, S. 4–6; 2016b, S. 4–5; 2016d, S. 5–6; vgl. BMVG 2006, S. 29–30; 2016m, S. 50, 52). Alles, was Deutschland zur Terrorismusbekämpfung beiträgt, beschränkt sich ausdrücklich nicht „auf eine militärische Logik", sondern ist „eingebettet in einen politischen Prozess". „Militärisches Engagement" sei, so Außenminister Steinmeier, „kein Ersatz für Politik". Für die Bundesregierung hätten „politische Verhandlungen zur Konfliktlösung" Priorität. Aus seiner Sicht wäre es eine „Torheit", wenn wichtige Partner wie Frankreich und Großbritannien „auf die militärische Karte setzen" und damit „Verhandlungslösungen zerstören" (Deutscher Bundestag 2015c, S. 11645, 11647; Steinmeier 2015c; Auswärtiges Amt 2015). Im Krisenmanagement in Syrien und der Ost-Ukraine gehe es darum, „Gewaltsamkeit wieder zurückzuführen" und einen „common ground" für ein weiteres Vorgehen der internationalen Gemeinschaft am Verhandlungstisch zu finden, um außer Kontrolle geratene Konflikte „wieder unter Kontrolle zu bringen" (Deutscher Bundestag 2015g, S. 13883; Auswärtiges Amt 2015). Mehr Engagement ist nicht gleichbedeutend mit dem Einsatz deutscher Soldaten/innen. Sicherheit und Frieden in der Welt können nach Auffassung der Bundesregierung nur durch politisch besonnenes Vorgehen und das Ausschöpfen aller diplomatischen Möglichkeiten gefestigt werden.

2 Mehr außenpolitische Verantwortung im Spiegel der öffentlichen Meinung

Die Bundesregierung ist sich der „mißlichen Lage" sehr wohl bewusst, „die Lücke" zwischen den immer größeren Erwartungen der Bündnispartner und der gegenüber einem größeren globalen Engagement distanzierten deutschen Öffentlichkeit zu überbrücken (Troianovski und Benôit 2016). In den Beschränkungen für den Einsatz militärischer Macht spiegelt sich die Einstellung der öffentlichen Meinung zur Rolle Deutschlands in der Welt und der Beteiligung der Bundeswehr an Auslandseinsätzen wider. Befragt, ob Deutschland mehr Verantwortung in internationalen Krisen übernehmen soll, votierten 37 % für ein stärkeres Engagement, 60 % hingegen sprachen sich für Zurückhaltung aus. Eine Mehrheit (64 %) befürchtet, das eine starke militärische Antwort gegen den internationalen Terrorismus die Lage nur verschlimmern würde (Körber Stiftung 2014, S. 3, 5; 2015, S. 3; Auswärtiges Amt 2014b, S. 26; Stokes et al. 2016).

Die Übernahme von mehr Verantwortung ist in Politik und Gesellschaft so lange unumstritten, wie deren Einlösung politische, diplomatische, wirtschaftliche und zivilgesellschaftliche Instrumente umfasst. Militäreinsätzen stehen die Deutschen nach wie vor skeptisch bis ablehnend gegenüber. Bewertungen der Auslandseinsätze in der Bevölkerungsbefragung des Zentrums für Militärgeschichte und Sozialwissenschaften (ZMSBw) bzw. des Sozialwissenschaftlichen Instituts der Bundeswehr (SOWI) seit 2005 zeigen, dass Auslandseinsätze die größte Zustimmung in der Bevölkerung finden, wenn diese einen eindeutig humanitären Charakter haben und einem klar umrissenen Einsatzzweck wie die Umsetzung eines Friedensabkommens auf dem Balkan oder den Aufbau eines funktionstüchtigen Regierungssystems wie in Afghanistan verfolgen. Hingegen sinkt die Zustimmung von weit über 90 % bei humanitären Missionen und mehr als 60 % bei Stabilisierungseinsätzen auf unter 20 % bei einer Beteiligung der Bundeswehr an Kampf- bzw. Kriegseinsätzen. Wird ein Stabilisierungseinsatz wie der *ISAF*-Einsatz in Afghanistan als Kampfeinsatz mit immer höheren Verlusten bei deutschen Soldaten/innen und hinsichtlich des Erreichens des Missionsziels als erfolglos wahrgenommen, sinkt die Zustimmung auf unter 30 % und steigt die Zahl derer auf weit über die Hälfte, die den sofortigen Abzug der deutschen Soldaten/innen und ein Ende der Mission fordern (Wanner 2014, S. 52, 56, 57, 60, 62; Wanner und Bulmahn 2013, S. 48, 52, 53; Fiebig 2012; Bulmahn 2011, S. 57, 59, 60).

Auf dem Hintergrund der Terroranschläge in Paris am 13. November 2015 befürwortet eine Mehrheit der Deutschen (58 %) eine Ausweitung des militärischen Beitrags Deutschlands vor allem gegen den IS im Irak und in Syrien. Eine aktive Beteiligung an Luftangriffen wird jedoch nur von einem Drittel (34 %) unterstützt; die Beteiligung deutscher Bodentruppen an der internationalen Allianz wird von einer großen Mehrheit (82 %) abgelehnt (ARD-DeutschlandTrend 2015; ZDF-Politbarometer 2015; Körber Stiftung 2015, S. 4). Dagegen unterstützt eine große Mehrheit (82 %) eine enge internationale Zusammenarbeit in Form eines raschen Datenaustauschs von Polizei und Geheimdiensten über Terrorverdächtige und eine Verhängung von Wirtschaftssanktionen gegen Länder, die Terroristen unterstützen und ihnen Zuflucht gewähren (Köcher 2016).

Ebenso hat der anhaltende Ukraine-Konflikt bemerkenswerte Spuren in der deutschen Öffentlichkeit hinterlassen. In keinem anderen NATO-Staat ist die Skepsis gegenüber dem Bündnis so groß und die Zurückhaltung gegenüber den Vorgängen in der Ukraine so ausgeprägt. Die Zustimmung der Deutschen zum Bündnis sank nach einer Befragung des *Pew Research Center* von 73 % im Jahr 2009 auf 55 % 2015. In keinem anderen NATO-Land ist der Vertrauensverlust so gravierend. Im Fall eines „ernsthaften militärischen Konflikts" zwischen Russland und einem benachbarten NATO-Mitgliedsstaat wären nur 38 % der Deutschen bereit, den Bündnispartner nach Artikel 5 des NATO-Vertrages militärisch zu verteidigen, 58 % dagegen nicht. Damit weicht Deutschland am weitesten vom Durchschnittswert von 42 % ab. Zugleich erwarten aber 68 %, dass die USA in einem solchen Fall den Nato-Partnern beistehen würden (Simmons at al. 2015; Schöler und Łada 2016, S. 11–12). Zwar sehen die Hälfte der Deutschen (50 %) in der aktuellen Politik Russlands eine ernsthafte Bedrohung für die baltischen Staaten und Polen. Trotz dieser Bedrohungswahrnehmung hält eine Mehrheit von 53 % es für falsch, dass die NATO ihre Truppenpräsenz in den vier östlichen Mitgliedstaaten verstärkt, 38 % befürworten eine solche Vorgehensweise (ZDF-Politbarometer 2016). Die Haltung der deutschen Öffentlichkeit traf der frühere Bundeskanzler Gerhard Schröder, als er angesichts der wachsenden Spannungen zwischen den NATO-Staaten und Russland vor einer weiteren Eskalation warnte. „Wir sollten jetzt darauf achten, nicht in einen neuen Rüstungswettlauf einzusteigen. Das trägt nicht dazu bei, Konflikte zu reduzieren und ein gutes Verhältnis mit Russland wiederherzustellen." Aufgrund des Überfalls Nazi-Deutschlands auf die Sowjetunion am 22. Juni 1941 tragen „wir Deutsche gegenüber Russland eine besondere Verantwortung." Aufgabe der deutschen Außenpolitik sei es, an „die Erfolge der Ostpolitik Willy Brandts" anzuknüpfen und einen Schritt auf Russland zuzugehen (Käppner und Mayer 2016). Im Kontext des NATO-Großmanövers *Anakonda* Anfang Juni in Polen und der von den NATO-Verteidigungsministern nur wenige Tage später gebilligten rotierenden Stationierung von vier multinationalen Bataillonen in den baltischen Staaten und Polen (NATO 2016e; 2016f, § 11, § 40) warnte Außenminister Steinmeier vor zu „lautem Säbelrasseln und Kriegsgeheul" an der Ostgrenze des Bündnisses. „Es wäre fatal, jetzt den Blick auf das Militärische zu verengen und allein das Heil in einer Abschreckungspolitik das Heil zu suchen" (Auswärtiges Amt 2016). Demgegenüber sieht die Bundeskanzlerin in der „stärkeren Präsenz der NATO in den baltischen Staaten und in Polen" den sichtbaren „Ausdruck unserer gelebten Bündnissolidarität." Für sie gehören „das klare Bekenntnis zu… Artikel 5 des NATO-Vertrages und die ausgestreckte Hand zum Dialog…untrennbar zusammen." Allerdings macht sie eine stärkere Präsenz der NATO in den baltischen Staaten und Polen von einer Einhaltung der NATO-Russland-Grundakte von 1997 abhängig. Diese schließt die dauerhafte Stationierung einer substanziellen Zahl von NATO-Kampftruppen in den neuen NATO-Mitgliedstaaten aus, gegen die sich die Bundeskanzlerin bereits auf dem NATO-Gipfel in Wales im September 2014 ausgesprochen hatte, nicht aber eine höhere Vorauspräsenz (*„forward enhanced presence"*) rotierender und im Umfang beschränkter NATO-Truppen (Deutscher Bundestag 2016g, S. 17980–17981; Die Bundeskanzlerin 2016). Die unterschiedlichen Akzente, die die Bundeskanzlerin und der Außenminister im operativen Verhältnis der NATO zu Russland setzen, spiegelt das politische Kalkül in der SPD mit Blick auf die Bundestagwahlen im September 2017 wider, die Unterschiede in zentralen außenpolitischen Fragen[9] gegenüber dem größeren Koalitionspartner CDU/CSU hervorzuheben und sich gegenüber den Wählern zu öffnen, die wie Alt-Bundeskanzler Schröder primär auf Dialog und Kooperation

---

[9]Ein weiteres Beispiel ist das in der SPD „äußerst kontrovers diskutierte" (SPD 2015) *Transatlantic Trade and Investment Partnership* (TTIP) Freihandelsabkommen der Europäischen Union mit den USA. Nach Veröffentlichung bislang geheim gehaltener Papiere zur amerikanischen Verhandlungsposition durch *Greenpeace* Anfang Mai 2016 wächst der Widerstand in der SPD gegen TTIP. Bundeswirtschaftsminister Sigmar Gabriel (SPD) erklärte die TTIP-Verhandlungen für „de facto gescheitert". „Da bewegt sich nix." Als Europäer „dürfen wir uns den amerikanischen Forderungen natürlich nicht unterwerfen." (Berlin Direkt 28.08.2016; vgl. Greenpeace 2016; ARD-DeutschlandTrend 2016; Sattar 2016; Wehner 2016).

gegenüber Russland setzen und Artikel 5-Verpflichtungen gegenüber östlichen Bündnispartnern distanziert gegenüberstehen (Wagstyl 2016; Kim 2016).

Ob die deutsche Öffentlichkeit bereit und in der Lage ist, der von Bundespräsident Gauck eingeforderten größeren Verantwortung Deutschlands für Frieden und Sicherheit in der Welt angemessen nachzukommen, bleibt, wie die Umfrageergebnisse unterstreichen, fraglich. Eine große Mehrheit begreift die Lage Deutschlands in der Mitte Europas als etwas, was man in aller Ruhe genießen kann. Dies könne man umso mehr, je stärker man sich aus den Problemen in und außerhalb Europas heraushalte. Die Vorstellung, sich auf einer Insel der Glückseligen von Turbulenzen der Globalisierung abschotten zu können, wird der Wirklichkeit, der die Deutschen nicht entfliehen können, „bis jetzt nur unzureichend gerecht" (Speckmann 2015).

Resümee und Ausblick

4

1 Dauerbaustelle Bundeswehr

Die von der Verteidigungsministerin verkündete Trendwende bei Personal, Material und Finanzen legt erneut die strukturellen Probleme der Bundeswehr schonungslos offen. Die Bundeswehr befindet sich seit der Deutschen Einheit in einem kontinuierlichen Umbau. Die von den Reformen angestrebte Beseitigung der erkannten strukturellen Probleme bei Personal und Rüstungsbeschaffung sind jedoch bis heute nicht beseitigt, sondern nur verstetigt worden. Trotz jahrelanger Umgliederungen sind die nationalen Zielvorgaben für eine Armee im Einsatz nicht erreicht worden, wie die Verteidigungsministerin und der Wehrbeauftragte mit ihrer scharfen Kritik an „einem Vierteljahrhundert des permanenten Schrumpfens" konstatieren (BMVG 2016k).

Die Trendwende hin zu Wachstum bei Rüstung, Personal und Haushaltsmitteln sieht sich einer dreifachen Herausforderung gegenüber. Bei Rüstungsbeschaffungen lassen sich die Hypotheken der Vergangenheit – Lieferverzögerungen, Kostensteigerungen trotz Stückzahlreduzierungen, verspätetes Erreichen ausstehender Funktionalitäten für die Einsatzreife – nur auf der Zeitachse beseitigen. Vor allem bei den Mehrkosten- und Pannen-anfälligen multinationalen Großrüstungsprojekten kann ein Totalausfall wie im Fall der A400M nicht mehr ausgeschlossen werden. Gleiches trifft auf einen „atmenden Personalköper" zu. Eine an den Einsatzerfordernissen orientierte Alters- und militärische Personalstruktur benötigt Zeit, Geld und vor allem qualifiziertes Personal in Mangelverwendungen. Eine schlüssige Antwort, wie Einsatzfähigkeit, Durchhaltetiefe und Zuverlässigkeit der Bundeswehr im euro-atlantischen Handlungsverbund in den nächsten Jahren gewährleistet werden sollen, wenn die Streitkräfte erst „in der nächsten Dekade Schritt für Schritt so ausgestattet werden, dass sie ihren Einsatz- und

© Springer Fachmedien Wiesbaden 2017
F.-J. Meiers, *Bundeswehr am Wendepunkt,* essentials,
DOI 10.1007/978-3-658-15710-4_4

Ausbildungsauftrag erfüllen können" (BMVG 2015b), bleibt die Verteidigungsministerin schuldig.

Selbst eine Erhöhung der Verteidigungsausgaben in diesem Jahr um rund vier Prozent entlässt das Verteidigungsministerium nicht von der Aufgabe, Prioritäten in der Personalstruktur und bei Rüstungsbeschaffungen jetzt zu setzen (Arnold 2016). Sonst droht der Trendwende das gleiche Schicksal wie den drei Reformen seit 2000, den bekannten strukturellen Defiziten und Mängeln wie der Hase dem Igel hinterherzulaufen. Wie in der Vergangenheit wird der Verteidigungshaushalt eine Investitionsbugwelle vor sich herschieben, die nur „aufgelöst" werden kann, indem Modernisierungsvorhaben gekürzt, gestreckt oder gestrichen werden.

Die Trendwende von der Leyens gleicht einer Dauerbaustelle, die Hypotheken der Vergangenheit, wenn überhaupt, zeitversetzt in einer mittel- und langfristigen Perspektive unter Maßgabe der vom Bundestag für den Verteidigungsetat bewilligten Mittel schrittweise zu beseitigen. Da eine schnelle und nachhaltige Beseitigung der Ungleichgewichte in der Personalstruktur und Rüstungsbeschaffung nicht möglich ist, wird das Schließen der Lücke zwischen dem Fähigkeitsprofil der Bundeswehr und dem veränderten Anforderungsprofil zu einer Daueraufgabe. Da auch die geplante substanzielle Erhöhung des Verteidigungsetats um mehr als 10 Mrd. EUR bis 2020 nicht ausreicht, die Trendwende bei Personal und Rüstung nachhaltig im Wehretat zu unterlegen, und das Haushaltrecht des Bundestages einer langfristigen Finanzierung des „großen Nachholbedarfs" der Bundeswehr im Wege steht, sieht sich das Verteidigungsministerium vor die strategische Herausforderung gestellt, Prioritäten zu setzen, Auftrag, Struktur und Finanzausstattung in ein ausgewogenes Verhältnis zueinander zu bringen, damit die Bundeswehr die Aufgaben, „die sie leisten muss, auch leisten kann" (Deutschlandfunk 2015). Das Fazit des Weissbuchs 2016 fällt ernüchternd aus: „Derzeit ist die Bundeswehr hinsichtlich ihrer Strukturen und Ressourcen zur Erfüllung dieser Zielsetzungen noch nicht in dem angestrebten Umfang aufgestellt" (BMVG 2016m, S. 117).

An Scharpings Bestandsaufnahme Ende der 1990er Jahre hat sich trotz jahrelanger Umgliederungen der Bundeswehr nichts geändert. Vor allem die Transall legt die Mängel und Defizite im Rüstungsmanagement schonungslos offen. „Obwohl in der Kapazität nicht ausreichend und bereits jenseits ihrer geplanten Lebensdauer, muss die Luftwaffe sie weiter in Dienst halten. Sie verursacht bei ständig abnehmender Verfügbarkeit immer höhere Kosten", stellte Scharping bereits 1999 treffend fest (Bulletin der Bundesregierung 1999). Im Gegensatz zu 1999 droht nun ein Totalausfall des Transall-Nachfolgers, der A400M. Die Trendwende von der Leyens gleicht einer Dauerbaustelle, die Hypotheken der Vergangenheit, wenn überhaupt, zeitversetzt in einer mittel- und langfristigen

Perspektive unter Maßgabe der vom Bundestag für den Verteidigungsetat bewilligten Mittel schrittweise zu beseitigen. Wie ihre Vorgänger sieht sie sich vor die strategische Herausforderung gestellt, Prioritäten zu setzen, Auftrag, Struktur und Finanzausstattung in ein ausgewogenes Verhältnis zueinander zu bringen, damit die Bundeswehr die Aufgaben, „die sie leisten muss, auch leisten kann" (Deutschlandfunk 2015).

2   Die Einhaltung der roten Linie

Seit dem Krisenjahr 2014 ist die Bundesregierung sehr wohl bereit, eine größere diplomatische Rolle im Krisen- und Konfliktmanagement in und außerhalb Europas zu übernehmen. Dies schließt eine Verschärfung von Wirtschaftssanktionen wie etwa gegen Russland als Reaktion auf die völkerrechtswidrige Besetzung der Krim und die Unterstützung pro-russischer Rebellengruppen in der Ost-Ukraine ebenso ein wie ein stärkeres militärisches Engagement im Kampf gegen den internationalen Terrorismus, insbesondere den IS im Irak und Syrien. Der Rückgriff auf militärische Mittel bewegt sich jedoch „in einem ganz festen Rahmen", in dem an erster Stelle politische Verhandlungen zur Konfliktlösung stehen, der sich die die Anwendung militärischer Macht unterzuordnen hat, wie Außenminister Steinmeier feststellte (Deutscher Bundestag 2015g, S. 13883; Auswärtiges Amt 2015). Und wenn, wie zurzeit im Irak und Syrien, „noch militärische Mittel notwendig sind", wird der deutsche Beitrag in „homöopathischen" Dosen verabreicht (Stelzenmüller 2015; Vinocur 2015), während den Bündnis- bzw. Koalitionspartnern die „harten" Kampfmissionen überlassen werden (U.S. Department of Defense 2011). Im Gegensatz zu den Bündnispartnern nimmt keiner der an den 16 Auslandseinsätzen beteiligten rund 3300 deutschen Soldaten/innen an einem Kampf- bzw. Kriegseinsatz teil, An diesem nationalen Vorbehalt wird die Regierung Merkel ebenso wenig rütteln wie ihre Nachfolgerin. Damit wird sich das Einsatzspektrum der Bundeswehr auch in Zukunft neben der Vorsorge für die Landes- und Bündnisverteidigung auf Missionen mit einem eindeutig humanitären Charakter und mit einem klar umrissenen und begrenzten Einsatzzweck (Stabilisierungs-, Unterstützungs- und Ausbildungsmissionen) beschränken.

Die Ursache für die Behutsamkeit im Umgang mit militärischer Macht als einem wesentlichen Instrument der Außenpolitik liegt in der in der deutschen Gesellschaft tief verwurzelten Kultur der Zurückhaltung begründet, die sich in einer Skepsis gegenüber dem Einsatz von Streitkräften als Instrument der deutschen Außen- und Sicherheitspolitik und einer Aversion gegen Kampf- bzw. Kriegseinsätze manifestiert (Meiers 2007, 2010, 2011; Junk und Daase 2013).

Die in der deutschen Öffentlichkeit weit verbreitete Überzeugung brachte ein Befragter einer von der *Rand Corporation* nach der deutschen Wiedervereinigung durchgeführten Meinungsumfrage treffend auf den Punkt: „Krieg ist etwas, was wir den Amerikanern überlassen" (Asmus 1994). Die Ergebnisse der Meinungsumfragen von Anfang der 1990er Jahre bis in die Gegenwart unterstreichen, dass eine Entscheidung der Bundesregierung, deutsche Soldaten/innen an hochintensiven Kriegseinsätzen am Boden zu beteiligen, auf massive Kritik in der Öffentlichkeit stoßen wird. Die vom Bundestag mit großer Mehrheit angenommen Regierungsanträge für Auslandseinsätze der Bundeswehr im Rahmen der internationalen Terrorismusbekämpfung unterstreichen, dass die Regierung Merkel die rote Linie zu einem Kampf- bzw. Kriegseinsatz penibel einhält.

Die Lücke zwischen dem, was aus Sicht der Verbündeten (Baker 2015; U.S. Department of Defense 2015; ARD.de 2015) Deutschland tun sollte und tatsächlich aber zu tun bereit ist, legt das Grundproblem der von Bundespräsident Gauck geforderten größeren Verantwortung für Frieden und Sicherheit in der Welt offen. Mit dem Ende des Ost-West-Konflikts und den daraus resultierenden veränderten sicherheitspolitischen Anforderungen begann sich die wechselseitige Bedingtheit der beiden Kernbestandteile der deutschen Außen- und Sicherheitspolitik – das reflexartige Bekenntnis zur multilateralen Zusammenarbeit und die tief verwurzelten Ansichten und Überzeugungen der aus der historischen Verantwortungslast für zwei Weltkriege resultierenden Kultur der Zurückhaltung – aufzulösen. Die Globalisierung von Gewalt in asymmetrischer Ausprägung, wie sie von den Terroranschlägen in den USA am 11. September 2001 bis hin zu den Anschlägen in Paris am 13. November 2015 und Brüssel am 22. März 2016 auf brutale Weise sichtbar wurde, und die verstärkten Anstrengungen der NATO und der EU, die neuen sicherheitspolitischen Bedrohungen vom internationalen Terrorismus bis hin zu Bürgerkriegen und Verbrechen gegen die Menschlichkeit wirksam zu begegnen, haben dieses Spannungsverhältnis zwischen unterschiedlichen externen Anforderungen und internen Zwängen weiter verschärft. Deutschland ist sehr wohl willens, eine aktive Rolle in der Weltpolitik zu übernehmen, wie der persönliche Einsatz der Bundeskanzlerin im Ukraine-Konflikt 2014/2015 unterstrichen hat (The Economist 2015). Die Kernfrage „Um welche Art von Führung geht es heute?" hat die Verteidigungsministerin mit dem Motto „Führung aus der Mitte" beantwortet. Der ständige Begleiter einer Führung aus der Mitte ist das düstere und leidvolle Kapitel der deutschen Geschichte im 20. Jahrhundert, das „heute zur DNA unseres Volkes gehört". Die „politisch-moralischen Bankrotterklärung unseres Landes" habe die Deutschen „eine Spur nachdenklicher" gemacht. „Das ‚think twice' ist unsere Lehre aus unserer Geschichte" (BMVG 2015a, 2016m, S. 22; Steinmeier 2015b).

Die deutsche Nachdenklichkeit im Umgang mit militärischer Macht impliziert ein Festhalten an den Lehren, die Politik und Gesellschaft aus den Verheerungen der nationalsozialistischen Vergangenheit gezogen und in der Kultur der Zurückhaltung ihren nachhaltigen Ausdruck gefunden haben. Die deutsche Politik wird über Parteigrenzen hinweg auch in Zukunft einer sicherheitspolitischen Kultur verpflichtet sein, die primär auf Krisenprävention und politisch-diplomatische Konfliktregelung als auf „die militärische Logik" (Steinmeier) setzt. Das heißt, dass auch über das Krisenjahr 2014 hinaus die Berliner Republik ihre Verantwortung für Frieden und Sicherheit in der Welt erkennbar anders als ihre Verbündeten und Partner im euro-atlantischen Handlungsverbund wahrnehmen wird. Im Gegensatz zur Trendwende, deren Erfolg gerade von der Überwindung des prekären Status quo eines permanenten Schrumpfens abhängt, findet eine aktivere Rolle Deutschlands in der Welt dort ihre Grenze, wo die Kultur der Zurückhaltung eine Beteiligung Deutschlands an bündnisgemeinsamen Kampf- bzw. Kriegseinsätzen kategorisch ausschließt. Deutschland bleibt eine „verantwortungsbewußte, zurückhaltende und nachdenkliche" Mitführungsmacht im euro-atlantischen Handlungsverbund, die mehr Verantwortung zu übernehmen bereit ist „in dem Wissen, dass es immer Alternativen zum Krieg gibt", wie Außenminister Steinmeier treffend die Antriebskräfte und Perspektiven der deutschen Außen- und Sicherheitspolitik auf den Punkt brachte (Steinmeier 2015a, S. 3; 2016b). In einer unübersichtlicheren und unsicheren Welt „muss von deutschem Boden … die schwierige, mühsame Arbeit für den Frieden ausgehen" (Steinmeier 2016c).

Literatur

Apt, Wenke (2010): Reform der Bundeswehr. Chancen und Risiken des Personalabbaus, SWP-Aktuell 2010/A 80, Berlin November 2010.

ARD.de (2015): Von der Leyen begrüßt islamische Militärallianz, Das Erste am Morgen, 15.12.2015.

ARD-DeutschlandTrend (2015): Mehrheit für Syrien-Einsatz, Stand: 04.12.2015.

ARD-DeutschlandTrend (2016): SPD sackt ab auf 20 Prozent, Stand: 04.05.2016.

Arkin, Ronald (2013): Lethal Autonomous Systems and the Plight of the Non-combatant, Atlanta, GA: Georgia Institute of Technology, 23.07.2013.

Arnold, Rainer (2016): Eckwerte für Verteidigungshaushalt enttäuschen, Berlin, 23.03.2016.

Asmus, Ronald D. (1994): German Strategy and Public Opinion After the Wall 1990–1993, Santa Monica, CA: Rand Corporation.

Auswärtiges Amt (2014a): Rede von Außenminister Frank-Walter Steinmeier anlässlich der 50. Münchner Sicherheitskonferenz, München, 01.02.2014.

Auswärtiges Amt (2014b): Review 2014 – Außenpolitik weiter denken, Berlin, Mai 2014.

Auswärtiges Amt (2015): Rede von Außenminister Steinmeier bei der Münchner Sicherheitskonferenz 2015, München, 08.02.2015.

Auswärtiges Amt (2016): Außenminister Frank-Walter Steinmeier zum Verhältnis NATO-Russland, Berlin, 19.06.2016.

Baker, Peter (2015): A Coalition Nations Which Some Do More Than Others to Fight ISIS, International New York Times, 30.11.2015.

Benitez, Jorge (2016): Introduction, in: Benitez, Jorge (Hrsg.), Alliance at Risk. Strengthening European Defense in an Age of Turbulence and Competition, Washington, D.C.: Atlantic Council, 22.02.2016, S. 3.

Berlin Direkt, ZDF-Sommerinterview mit Sigmar Gabriel, 28.08.2016.

Bild am Sonntag (2014): Bundeswehr kann Zusagen an NATO nicht erfüllen, 27.09.2014.

Blome, Nikolaus et al. (2014): Zu wem die Ampel spricht, Der Spiegel, 29.09.2014, S. 20–22.

Bolzen, Stefanie und Jungholt, Thorsten (2015): Leitung der Speerspitze ist Kraftakt für Deutschland, Die Welt, 18.06.2015

Brössler, Daniel und Hickmann, Christoph (2015): Interview mit Ursula von der Leyen: "Waffenlieferungen wären ein Brandbeschleuniger", Süddeutsche Zeitung, 05.02.2015.

© Springer Fachmedien Wiesbaden 2017
F.-J. Meiers, *Bundeswehr am Wendepunkt,* essentials,
DOI 10.1007/978-3-658-15710-4

Bulletin der Bundesregierung (1999): "Grundlinien deutscher Sicherheitspolitik". Rede des Bundesministers der Verteidigung Rudolf Scharping an der Führungsakademie der Bundeswehr, Hamburg, 08.09.1999.

Bulmahn, Thomas (2011): Wahrnehmung und Bewertung des Einsatzes der Bundeswehr in Afghanistan, in: Bulmahn, Thomas et al. Sicherheits- und verteidigungspolitisches Meinungsklima in der Bundesrepublik Deutschland. Ergebnisse der Bevölkerungsbefragung 2010, Strausberg: SOWI, Mai 2011, S. 51–62.

Bundeshaushaltsplan (2016): Einzelplan 14 Bundesministerium der Verteidigung, Berlin, 01.01.2016.

Bundesministerium der Finanzen (2016): Eckwertebeschluss der Bundesregierung zum Regierungsentwurf des Bundeshaushalts 2017 und zum Finanzplan 2016 bis 2020, Berlin, März 2016.

Bundesministerium der Verteidigung/BMVG (1999): Bestandsaufnahme. Die Bundeswehr an der Schwelle zum 21. Jahrhundert, Bonn, 03.05.1999.

BMVG (2002): Bundeswehr 2002. Sachstand und Perspektiven, Berlin, 08.04.2002.

BMVG (2003): Weisung von Verteidigungsminister Dr. Peter Struck für die Weiterentwicklung der Bundeswehr, Berlin, 01.10.2003.

BMVG (2006): Weißbuch 2006 zur Sicherheitspolitik Deutschlands und zur Zukunft der Bundeswehr, Berlin, 25.10.2006.

BMVG (2010a): Grundsatzrede des Bundesministers der Verteidigung, Dr. Karl Theodor Freiherr zu Guttenberg, an der Führungsakademie der Bundeswehr, Hamburg, 26.05.2010.

BMVG (2010b): Bericht des Generalinspekteurs der Bundeswehr zum Prüfauftrag aus der Kabinettsklausur vom 7. Juni 2010 (Wieker-Bericht), Berlin, 01.10.2010.

BMVG (2011): Neuausrichtung der Bundeswehr, Rede des Bundesministers der Verteidigung, Dr. Thomas de Maizière, Berlin, 18.05.2011.

BMVG (2014a): Rede der Bundesministerin der Verteidigung, Dr. Ursula von der Leyen, anlässlich der 50. Münchner Sicherheitskonferenz, München, 31.01.2014.

BMVG (2014b): KPMG, P3 Group, TaylorWessing, Umfassende Bestandsaufnahme und Risikoanalyse zentraler Rüstungsprojekte, Exzerpt, Berlin, 30.09.2014.

BMVG (2015a): „Führung aus der Mitte". Rede der Verteidigungsministerin anlässlich der 51. Münchner Sicherheitskonferenz, München, 06.02.2015.

BMVG (2015b): Interview der Bundesministerin der Verteidigung mit der Redaktion Bundeswehr, Berlin 27.02.2015.

BMVG (2015c): Bericht des Bundesministeriums der Verteidigung zu Rüstungsangelegenheiten, Teil 1, Berlin, März 2015.

BMVG (2015d): Bericht des Bundesministeriums der Verteidigung zu Rüstungsangelegenheiten, Teil 2, Berlin, März 2015.

BMVG (2015e): Rede der Verteidigungsministerin anlässlich des 60. Jahrestages des NATO-Beitritts, Berlin, 30.06.2015.

BMVG (2015f): Bericht des Bundesministeriums der Verteidigung zu Rüstungsangelegenheiten, Teil 1, Berlin, Oktober 2015.

BMVG (2015g): Bericht zur materiellen Einsatzbereitschaft der Hauptwaffensysteme der Bundeswehr.

BMVG (2016a): NATO Response Force 2015: Deutschland ist Rahmennation, Stand: 14.01.2016

BMVG (2016b): Verteidigungshaushalt 2016, Berlin, 25.01.2016.

BMVG (2016c): Hin zu einer aufgabenorientierten Ausstattung der Bundeswehr.

BMVG (2016d): Ministerin: „Strukturen auffüllen, Material ersetzen, Fähigkeiten aufbauen", Berlin, 27.01.2016.

BMVG (2016e): 10,2 Milliarden Euro mehr für die Bundeswehr, Berlin, 23.03.2016.

BMVG (2016f): 3. Bericht des Bundesministeriums der Verteidigung zu Rüstungsangelegenheiten, Teil 1, Berlin, April 2016.

BMVG (2016g): Abschlussbericht Aufbaustab Cyber- und Informationsraum, Berlin, 26.04.2016.

BMVG (2016h): Von der Leyen: Die Bundeswehr im Cyber- und Informationsraum „besser und professioneller aufstellen", Berlin, 26.04.2016.

BMVG (2016i): Auftrag: Cyber-Verteidigung, Berlin 26.04.2016.

BMVG (2016j): Bundestag erhält dritten Bericht zu Rüstungsangelegenheiten, Berlin, 28.04.2016.

BMVG (2016k): „Atmender Personalkörper": Statement der Verteidigungsministerin, Berlin, 10.05.2016.

BMVG (2016l): Trendwende Personal: Tagesbefehl der Ministerin, Berlin, 10.05.2016.

BMVG (2016m): Weissbuch 2016 zur Sicherheitspolitik und Zukunft der Bundeswehr, Berlin, 13.07.2016.

BMVG (2016n): Von der Leyen: Flexiblere Ausbildungseinrichtungen im Irak, Erbil, 23.09.2016.

Bundeswehr (2016a): Stärke: Militärisches Personal der Bundeswehr, Stand: 20.04.2016.

Bundeswehr (2016b): Einsatzzahlen – die Stärke der deutschen Kontingente, Stand: 01.07.2016.

bundeswehr-journal (2016): „7000 plus 3000 plus 5000" – neues Personal für die Truppe? 16.03.2016.

DasErste Mediathek (2016): Bundeswehr: Verteidigungsministerin wirbt für Milliarden-Investition, 27.01.2016.

defense-aerospace.com (2016): A400M: Airbus Confirms That 48 Engines Have Cracks, 23.05.2016.

Dengg, Anton und Schurian, Michael (2015): Zum Begriff der Hybriden Bedrohungen, in: Dengg, Anton und Schurian, Michael (Hrsg.), Vernetzte Sicherheit – Hybride Bedrohungen im 21. Jahrhundert, Wien: Schriftenreihe der Landesverteidigungsakademie, Band 15, S. 23–75.

Der Bundespräsident (1995): Ansprache von Bundespräsident Roman Herzog bei der Deutschen Gesellschaft für Auswärtige Politik in Bonn, Bonn, 13.03.1995.

Der Bundespräsident (2014): "Deutschlands Rolle in der Welt: Anmerkungen zu Verantwortung, Normen und Bündnissen", Eröffnung der 50. Münchner Sicherheitskonferenz durch Bundespräsident Joachim Gauck, München, 31.01.2014.

Deutscher Bundestag (2001): Plenarprotokoll 14/71, Berlin, 11.10.2001.

Deutscher Bundestag (2014): Antrag der Bundesregierung Ausbildungsunterstützung der Sicherheitskräfte der Regierung der Region Kurdistan-Irak und der irakischen Streitkräfte, Drucksache 18/3561, Berlin, 01.12.2014.

Deutscher Bundestag (2015a): Unterrichtung durch den Wehrbeauftragten Jahresbericht 2014 (56. Bericht), Drucksache 18/3750, Berlin, 27.01.2015.

Deutscher Bundestag (2015b): Kleine Anfrage der Abgeordneten der Fraktion BÜNDNIS 90/DIE GRÜNEN, Der etwaige deutsche Beitrag bei der Listung von Personen für gezielte Tötungen in Afghanistan, Drucksache 18/3977, Berlin, 04.02.2015.

Deutscher Bundestag (2015c): Plenarprotokoll 18/120, Berlin 09.09.2015.

Deutscher Bundestag (2015d): Antrag der Bundesregierung Beteiligung bewaffneter deutscher Streitkräfte an der EU-Operation EUNAVFOR MED als ein Teil der Gesamtinitiative der EU zur Unterbindung des Geschäftsmodells der Menschenschmuggel- und Menschenhandelsnetzwerke im südlichen und zentralen Mittelmeer, Drucksache 18/6013, Berlin, 16.09.2015.

Deutscher Bundestag (2015e): Antrag der Bundesregierung Fortsetzung der Beteiligung bewaffneter deutscher Streitkräfte am NATO-geführten Einsatz Resolute Support für die Ausbildung, Beratung und Unterstützung der afghanischen nationalen Verteidigungs- und Sicherheitskräfte in Afghanistan, Drucksache 18/6743, Berlin, 18.11.2015.

Deutscher Bundestag (2015f): Antrag der Bundesregierung Einsatz bewaffneter deutscher Streitkräfte zur Verhütung und Unterbindung terroristischer Handlungen durch die Terrororganisation IS, Drucksache 18/6866, Berlin, 01.12.2015.

Deutscher Bundestag (2015g): Plenarprotokoll 18/142, Berlin, 02.12.2015.

Deutscher Bundestag (2015h): Antwort der Bundesregierung auf die Kleine Anfrage der Abgeordneten Dr. Alexander S. Neu, Andrej Hunko, Wolfgang Gehrcke, weiterer Abgeordneter und der Fraktion DIE LINKE, Drucksache 18/6989, Berlin, 10.12.2015.

Deutscher Bundestag (2016a): Antrag der Bundesregierung Fortsetzung und Erweiterung der Beteiligung bewaffneter deutscher Streitkräfte an der Multidimensionalen Integrierten Stabilisierungsmission der Vereinten Nationen in Mali (MINUSMA), Drucksache 18/7206, Berlin, 06.01.2016.

Deutscher Bundestag (2016b): Antrag der Bundesregierung Fortsetzung der Beteiligung bewaffneter deutscher Streitkräfte zur Ausbildungsunterstützung der Sicherheitskräfte der Regierung der Region Kurdistan-Irak und der irakischen Streitkräfte, Drucksache 18/7207, Berlin, 06.01.2016.

Deutscher Bundestag (2016c): Unterrichtung durch den Wehrbeauftragten. Jahresbericht 2015 (57. Bericht), Drucksache 18/7250, Berlin, 26.01.2016.

Deutscher Bundestag (2016d): Antrag der Bundesregierung Fortsetzung der Beteiligung bewaffneter deutscher Streitkräfte an der Militärmission der Europäischen Union als Beitrag zur Ausbildung der malischen Streitkräfte (EUTM Mali), Drucksache 18/8090, Berlin, 13.04.2016.

Deutscher Bundestag (2016e): Plenarprotokoll 18/167, Berlin, 28.04.2016.

Deutscher Bundestag (2016f): Antrag der Bundesregierung Fortsetzung und Erweiterung der Beteiligung bewaffneter deutscher Streitkräfte an EUNAVFOR MED Operation SOPHIA, Drucksache 18/8878, Berlin, 22.06.2016.

Deutscher Bundestag (2016g): Plenarprotokoll 18/183, Berlin, 07.07.2016.

Deutscher Bundestag (2016h): Antwort der Bundesregierung auf die Kleine Anfrage der Abgeordneten Doris Wagner, Agnieszka Brugger, Dr. Tobias Lindner, weiterer Abgeordneter und der Fraktion BÜNDNIS 90/DIE GRÜNEN, Drucksache 18/9304, Berlin, 27.07.2016.

Deutschlandfunk (2015): „Europäische Armee ist die Zukunft". Ursula von der Leyen im Gespräch mit Klaus Remme, Berlin, 08.03.2015.

Die Bundeskanzlerin (2016): Pressestatement von Bundeskanzlerin Dr. Angela Merkel anlässlich des NATO-Gipfels, Warschau, 08.07.2016.

Die Bundesregierung (2015): Regierungspressekonferenz vom 28. Dezember 2015.

Die Bundesregierung (2016a): Regierungspressekonferenz vom 27. Januar 2016.

Die Bundesregierung (2016b): Pressekonferenz von Bundeskanzlerin Merkel und der polnischen Ministerpräsidenten Szydło, Berlin, 22.06.2016.

Die Welt (2014): Rüstungs-Gutachter listen gravierende Mängel auf, 06.10.2014.

Die Zeit (2016): Baltikum ist laut US-Befehlshaber kaum zu verteidigen, 22.06.2016.

Dyer, Geoff (2016a): Robot wars, Financial Times, 08.02.2016.

Dyer, Geoff (2016b): US puts robots at vanguard to win next power game, Financial Times, 29.04.2016.

Fiebig, Rüdiger (2012): Die Deutschen und ihr Einsatz – Einstellungen der Bevölkerung zum ISAF-Einsatz, in: Seiffert, Anja, Langer, Phil C. und Pietsch, Carsten (Hrsg.), Der Einsatz der Bundeswehr in Afghanistan, Wiesbaden: VS Verlag, S. 187–204.

Frankfurter Allgemeine Zeitung (2016): Bundeswehr soll libysche Küstenschützer trainieren, 15.08.2016.

Gebauer, Matthias und Traufetter, Gerald (2016): Bundeswehr fürchtet Totalausfall, Spiegel Online, 09.05.2016.

Gebauer, Matthias (2016a): Lohnplus belastet von der Leyens Bundeswehrpläne, Spiegel Online, 10.05.2016.

Gebauer, Matthias (2016b): Airbus ruft Militärflieger wegen Rissbildung zurück, Spiegel Online, 13.05.2016.

Greenpeace (2016): TTIP leaks, Amsterdam, 02.05.2016.

Hemicker, Lorenz (2016): Von der Leyens später Eintritt in den Cyberwar, Frankfurter Allgemeine Zeitung, 27.04.2016.

Hickmann, Christoph (2015): „Der Investitionsbedarf ist riesig". Heeres-Inspekteur der Bundeswehr Bruno Kasdorf im Interview, Süddeutsche Zeitung, 21.05.2015.

Hickmann, Christoph (2016): Die Tiger fliegen wieder, Süddeutsche Zeitung, 09.08.2016.

Jones, Sam (2016): NATO rapid unit not fit for eastern Europe deployment, say generals, Financial Times, 16.05.2016.

Jungholt, Thorsten (2016): Bundeswehr bekommt "Scheck ohne Unterschrift", Die Welt, 23.03.2016.

Junk, Julian und Daase, Christopher (2013): Germany, in: Biehl, Heiko et al. (Hrsg.), Strategic Cultures in Europe: Security and Defence Policies Across the Continent, Wiesbaden: Springer 2013, S. 139–152.

Käppner, Joachim und Mayer, Christian (2016): Gerhard Schröder über Russland: „Putin hat nie versucht, mich über den Tisch zu ziehen", Süddeutsche Zeitung, 18.06.2016.

Keller, Patrick (2016): Germany, in: Jorge Benitez (Hrsg.), Alliance at Risk, S. 20–22.

Kim, Lucian (2016): Playing to the Gallery, Berlin Policy Journal, Juli/August.

Köcher, Renate (2016): Das Sicherheitsgefühl der Deutschen erodiert, *Frankfurter Allgemeine Zeitung*, 24.08.2016.

Körber Stiftung (2014): Einmischen oder Zurückhalten? Ergebnisse einer repräsentativen Umfrage von TNS Infratest Politikforschung zur Sicht der Deutschen auf die Außenpolitik, Berlin, Mai 2014.

Körber Stiftung (2015): Einmischen oder Zurückhalten? Ergebnisse einer repräsentativen Umfrage im Auftrag der Körber-Stiftung zur Sicht der Deutschen auf die Außenpolitik, Berlin Oktober 2015.

Leithäuser, Johannes (2016): Trendwende bei der Bundeswehr, Frankfurter Allgemeine Zeitung, 28.01.2016.

Lohse, Eckart (2016): Moskau bläst zum Angriff, Frankfurter Allgemeine Zeitung, 14.05.2016.

Luftwaffe (2016): Die Luftwaffe beendet ihren Einsatz im Baltikum, Stand: 17.02.2016.

Major, Claudia und Mölling, Christian (2015): Hybride Sicherheitspolitik für Europa, Berlin: SWP-Aktuell 2015/A 31, April 2015.

Marine (2016): Einsätze der Marine, Stand: 24.03.2016.

Martinage, Robert (2014): Toward a New Offset Strategy. Exploiting U.S. Long-Term Advantages to Restore U.S. Global Power Projection Capability, Washington, D.C.: Center for Strategic and Budgetary Assessments (CSBA).

Marschall, Birgit und Quadbeck, Eva (2014): Bundeswehr rief Milliarden nicht ab, Rheinische Post, 13.10.2014.

Meiers, Franz-Josef (2004): Die Transformation der Bundeswehr, Österreichische Militärische Zeitschrift, 42 (November/Dezember) 6, S. 681–688.

Meiers, Franz-Josef (2006): Zu neuen Ufern? Die Sicherheits- und Verteidigungspolitik der Bundesrepublik Deutschland in einer Welt des Wandels 1990–2000, Paderborn.

Meiers, Franz-Josef (2007): The German Predicament: The Red Lines of the Security and Defence Policy of the Berlin Republic, International Politics, 44 (September) 5, S. 623–644.

Meiers, Franz-Josef (2010): Von der Scheckbuchdiplomatie zur Verteidigung am Hindukusch. Die Rolle der Bundeswehr bei multinationalen Auslandseinsätzen, 1990–2009, Zeitschrift für Außen- und Sicherheitspolitik, 2 (April) 3, S. 201–222.

Meiers, Franz-Josef (2011): "Made in Berlin". Wohin steuert die deutsche Außen- und Sicherheitspolitik? Zeitschrift für Außen- und Sicherheitspolitik, 4 (Dezember) 4, S. 669–692.

Meiers, Franz-Josef (2012): Aufbau, Umbau, Abbau: die Neuausrichtung der Bundeswehr, Österreichische Militärische Zeitschrift, 50 (März/April) 2, S. 286–295.

Möhle, Holger (2016): Airbus reißt neue Lücke beim Lufttransport, General-Anzeiger, 01.06.2016.

Mölling, Christian (2015): Die Zwei-Prozent-Illusion der NATO, Berlin: SWP-Aktuell 2014/A 54, August 2014.

NATO (2010): Active Engagement and Modern Defence. Strategic Concept for the Defence and Security of the Members of the North Atlantic Treaty Organization adopted by the Heads of State and Government, Lissabon, 19.11.2010.

NATO (2014): Wales Summit Declaration, Newport/Wales, 05.09.2014.

NATO (2016a): Defence Expenditures of NATO Countries (2008–2015), Brüssel, 28.01.2016.

NATO (2016b): NATO boosts its defence and deterrence posture, Brüssel, 10.02.2016.

NATO (2016c): NATO's Readiness Action Plan, Brüssel, Februar 2016.

NATO (2016d): Turkey firmly guarded by NATO AWACS, Geilenkirchen, 15.03.2016.

NATO (2016e): NATO Defence Ministers agree to enhance collective defence and deterrence, Brüssel, 14.06.2016

NATO (2016f): Warsaw Summit Communiqué Issued by the Heads of State and Government participating in the meeting of the North Atlantic Council, Press Release (2016)100, Warschau, 09.07.2016

n-tv (2015): "2014 sind die Probleme massiv auf den Tisch gekommen". Von der Leyen im n-tv Interview, 27.01.2015.

Official Journal of the European Union/Official Journal (2016a): Council Decision (CFSP) 2016/446 of 23 March 2016 amending and extending Council Decision 2013/34/CFSP on a European Union military mission to contribute to the training of the Malian Armed Forces (EUTM Mali), Brüssel, 24.03.2016.

Official Journal of the European Union (2016b): Council Decision (CFSP) 2016/993 of 20 June 2016 amending Decision (CFSP) 2015/778 on a European Union military operation in the Southern Central Mediterranean (EUNAVFOR MED operation SOPHIA), Brüssel, 21.06.2016.

Sattar, Majid (2016): Die SPD beerdigt TTIP, Frankfurter Allgemeine Zeitung, 13.07.2016.

Schöler, Gabriele und Łada, Agnieszka (2016): Partnerschaft unter Spannung. Wie die Deutschen über Russland denken, Gütersloh: Bertelsmann-Stiftung 2016.

Shlapak, David A. und Johnson, Michael W. (2016): Reinforcing Deterrence on NATO's Eastern Flank. Wargaming the Defense of the Baltics, Santa Barbara, CA: Rand Corporation 2016.

Simmons, Katie, et al. (2015): NATO Publics Blame Russia for Ukrainian Crisis, but Reluctant to Provide Military Aid, Washington, D.C.: Pew Research Center, 10.06.2015.

SPD (2015): Transatlantischer Freihandel. Chancen & Risiken, Berlin, 23.02.2015.

Speckmann, Thomas (2015): Deutsche Frage Version 2.0, Neue Zürcher Zeitung, 29.10.2015.

Spiegel Online (2014): Bundeswehr erfüllt NATO-Anforderungen derzeit nicht, 27.9.2014.

Steinmeier, Frank-Walter (2015a): Vorwort, Zeitschrift Außen- und Sicherheitspolitik, 8 (Januar) 1, S. 1–3.

Steinmeier, Frank-Walter (2015b): DNA der Außenpolitik, Die Welt, 26.02.2015.

Steinmeier, Frank-Walter (2015c): Break the gridlock on Syria, International New York Times, 12./13.09.2015.

Steinmeier, Frank-Walter (2016a): Für einen Neustart der Rüstungskontrolle, Frankfurter Allgemeine Zeitung, 26.08.2016.

Steinmeier, Frank-Walter (2016b): Germany's New Global Role – Berlin Steps up, Foreign Affairs, Juli/August.

Steinmeier, Frank-Walter (2016c): Diplomatie, Chancen, Grenzen und Perspektven. Rede bei der Tiergartenkonferenz der Friedrich-Ebert-Stiftung, Berlin, 09.09.2016.

Stelzenmüller, Constanze (2015): Germany's political contribution to the fight against Isis, Financial Times, 29.12.2015.

Stelzenmüller, Constanze (2016): A newly confident and audacious Germany, The Washington Post, 14.07.2016.

Stokes, Bruce et al. (2016): Europeans Face The World Divided, Washington, D.C.: Pew Research Center, 13.06.2016.

tagesschau.de (2016): Von der Leyen besteht auf Besuchsrecht in Incirlik, Tagesthemen, 13.07.2016.

Tamminga, Oliver (2015): Zum Umgang mit hybriden Bedrohungen, Berlin: SWP-Aktuell 2015/A 92, November 2015.

The Economist (2015): A lurch onto the world stage, 28.02.2015.

Troianovski, Anton und Benôit, Bertrand (2016): Steinmeier Says Germany Needs to Stay Engaged in World Affairs, Wall Street Journal, 29.01.2016.

UNIDIR (2014): Weaponization of Increasingly Autonomous Technologies. Considering How Meaningful Human Control Might Move the Discussion Forward, Genf: UNIDIR Resources Report 2.

United Nations (2016): Security Council Authorizes Inspection of Suspected Embargo-Breaking Vessels off Libya's Coast, Unanimously Adopting Resolution 2292 (2016), New York, 14.06.2016.

U.S. Department of Defense (2011): The Security and Defense Agenda (Future of NATO) as Delivered by Secretary of Defense Robert M. Gates, Brüssel, 10.06.2011.

U.S. Department of Defense (2015): Discussion with Secretary Carter at the John F. Kennedy Jr. Forum, Harvard Institute of Politics, Cambridge, MA, 01.12.2015.

U.S. Department of Defense (2016): Remarks by Deputy Secretary of Defense Bob Work on Third Offset Strategy, Brüssel, 28.04.2016.

Vinocur, John (2015): Germany's Don't-Shoot War on Terror, The Wall Street Journal, 21.12.2015.

Wagstyl, Stefan (2016): Merkel stance on Russia faces SPD challenge, Financial Times, 23.06.2016.

Wanner, Meike und Bulmahn, Thomas (2013): Sicherheits- und verteidigungspolitisches Meinungsklima in der Bundesrepublik Deutschland. Ergebnisse der Bevölkerungsumfrage 2012, Potsdam: ZMSBw August 2013.

Wanner, Meike (2014): Einstellungen zu den Auslandseinsätzen der Bundeswehr und Bewertung des ISAF-Einsatzes der Bundeswehr, in: Wanner, Meike und Biehl, Heiko, Sicherheits- und verteidigungspolitisches Meinungsklima in der Bundesrepublik Deutschland. Ergebnisse der Bevölkerungsumfrage 2013, Potsdam: ZMSBw September 2014, S. 49–64.

Wehner, Markus (2016): Gabriel wirft Ballast ab, *Frankfurter Allgemeine Zeitung*, 07.09.2016.

Work, Robert O. und Brimley, Shawn (2014): 20YY. Preparing for War in the Robotic Age, Washington, D.C.: Center for a New American Century.

YouTube (2015): Pressekonferenz von Verteidigungsministerin Ursula von der Leyen und Generalinspekteur Volker Wieker zum Syrien-Einsatz der Bundeswehr, Berlin 03.12.2015.

ZDF-Politbarometer (2015): Mehrheit erwartet keinen militärischen Sieg über IS, Stand: 11.12.2015.

ZDF-Politbarometer (2016): Deutsche sehen EU so positiv wie nie, Stand: 08.07.2016.